Tilde Michels · Das alles ist Weihnachten

Die bekannte Jugendbuchautorin Tilde Michels wurde in Frankfurt am Main geboren. Nach einem Fremdsprachenstudium lebte sie einige Jahre in Frankreich und England. Jetzt wohnt sie mit ihrer Familie in München.

Sie hat im Laufe der Jahre viele Kinderbücher geschrieben. ›Kleiner König Kalle Wirsch‹ (dtv junior 7270) wurde durch das Fernsehspiel der Augsburger Puppenkiste weithin bekannt und beliebt, so daß auch noch ein zweiter Band, ›Kalle Wirsch und die Wilden Utze‹, entstand.

Unter anderem veröffentlichte Tilde Michels die Bücher ›Gespenster zu kaufen gesucht‹, ›Ich und der Garraga‹ (Auswahlliste zum Deutschen Jugendbuchpreis), ›Mit Herrn Lämmlein ist was los‹ und ›Xandi und das Ungeheuer‹.

Außerdem schreibt Tilde Michels Bilderbuchtexte, übersetzt und arbeitet für Funk und Fernsehen.

Tilde Michels

Das alles ist Weihnachten

neue Erzählungen, Bildgeschichten,
Sachgeschichten

Illustrationen der Bildgeschichten
Johannes Gerber

Deutscher
Taschenbuch
Verlag

dtv

Von Tilde Michels außerdem bei dtv junior:
Kleiner König Kalle Wirsch, Band 7270

Originalausgabe
1. Auflage Oktober 1974
4. Auflage Oktober 1977: 31. bis 37. Tausend

Umschlaggestaltung: Celestino Piatti
Umschlagbild: Johannes Gerber
Gesamtherstellung: Kösel, Kempten
Printed in Germany · ISBN 3-423-07149-4

Inhalt

Für die Sachgeschichten wurden folgende Quellen benutzt:

Hermann Usener, Religionsgeschichtliche Untersuchungen, das Weihnachtsfest. *Kurt Latte*, Griechische und Römische Religionsgeschichte. *Paulys* Real-Enzyklopädie der klassischen Altertumswissenschaft. *Otto Lauffer*, Der Weihnachtsbaum im Glauben und Brauch. *Adolf Spamer*, Weihnachten in alter und neuer Zeit. *L. Weiser-Aall / R. Wildhaber*, Weihnachtszeit – Von Weihnachtsbäumen und Weihnachtsbräuchen. *Karl Meisen*, Nikolauskult und -brauch. *Ulrich Riemerschmidt*, Weihnachten, Kult und Brauch einst und jetzt.

Die Geschichte ›Wie mein Weihnachtsgeschenk kaputtgegangen ist‹ wurde mit freundlicher Genehmigung des Hoch Verlages, Düsseldorf dem Buch ›Ich und der Garraga‹ von Tilde Michels, entnommen.

Erzählungen

Paulchen und sein Schaukelpferd

»Ohle«, sagt Poldi zum Großvater, »erzähl mal, wie du klein warst.«

»Meine Geschichten«, erwidert der Ohle, »kennst du ja alle schon auswendig.«

»Erzähl mal von Paulchen und dem Schaukelpferd«, verlangt Poldi.

»Das«, sagt der Ohle, »hab ich dir mindestens zwanzigmal erzählt.«

»Ich will's aber nochmal hören«, sagt Poldi.

Und der Ohle erzählt: »Einmal hat mein kleiner Bruder Paul zu Weihnachten ein Schaukelpferd geschenkt bekommen. Es war ein Rappe mit einem echten schwarzen Fell.«

»Und einem Schwanz aus echtem Roßhaar«, sagt Poldi.

»Dieses Schaukelpferd«, erzählt der Ohle weiter, »war ein Prachtstück. Es hatte einen Sattel aus Leder.«

»Und Zügel auch aus Leder«, ergänzt Poldi.

»Auf diesem herrlichen Schaukelpferd«, sagt der Ohle, »schaukelte Paulchen nun von morgens bis abends. Ein paar Tage nach Weihnachten aber war Paulchen plötzlich verschwunden.«

»Und das Schaukelpferd auch«, sagt Poldi.

»Richtig«, fährt der Ohle fort. »Der kleine Paul, der von morgens bis abends schaukelte, war mitsamt seinem Schaukelpferd verschwunden. Und nun ging das Gesuche los! Alle suchten: mein Vater, meine Mutter, die Tante Johanna, meine Schwester Cilly und ich. Zuerst suchten wir im Weihnachtszimmer ... kein Paulchen!«

»Und kein Schaukelpferd«, sagt Poldi.

»Wir suchten«, sagt der Ohle, »in der Küche ... kein Paulchen!«

»Und kein Schaukelpferd« sagt Poldi.

»Wir suchten«, sagt der Ohle, »im Schlafzimmer, in der Besenkammer, im Keller, auf dem Speicher, überall suchten wir ... aber kein Paulchen!«

»Und kein Schaukelpferd«, fügt Poldi hinzu.

»Unsere Mutter«, erzählt der Ohle, »war schon richtig aufgeregt, und meine Schwester Cilly sagte: ›Vielleicht ist das Pferd lebendig geworden und ist mit dem Paulchen davongetrabt.‹«

»Hat die das wirklich gedacht?« fragt Poldi.

»Sie war ja noch klein«, erklärt der Ohle.

»Weiter!« befiehlt Poldi.

»Wir haben schließlich«, sagt der Ohle, »alle miteinander im Weihnachtszimmer gesessen und haben überlegt, was wohl mit Paulchen passiert ist.«

»Da plötzlich...« hilft Poldi. »Jetzt kommt's!«

»Da plötzlich«, wiederholt der Ohle, »hörte ich ein Geräusch. Es kam unter dem großen runden Tisch hervor. Auf diesem Tisch lag eine Plüschdecke, die bis auf den Boden reichte. ›Ich hör was‹, sagte ich, ›da schnauft was.‹ Und ich deutete auf den Tisch und auf die lange Plüschdecke.

Da hielten alle den Atem an und lauschten, und sie hörten es auch: hinter der Decke schnaufte was und raschelte was.

Mein Vater ging hin und hob die Decke auf... Unter dem Tisch saß...«

»Paulchen!« schreit Poldi.

Der Ohle nickt. »Er hatte das Schaukelpferd vor sich und ein Messer in der Hand. Der Bauch des Rappen war der Länge nach aufgeschlitzt. Das Sägemehl rieselte heraus, und der Pferdebauch hing ganz schlaff herunter.

›Paulchen!‹ flüsterte meine Mutter.

›Paulchen!‹ donnerte mein Vater.

Mein Bruder Paul schwenkte das scharfe Küchenmesser und sagte stolz: ›Ich Metzger... Pferd wird 'schlacht!‹ Und dann rührte er mit dem Küchenmesser im Sägemehl herum.

Alle jammerten und schimpften durcheinander: ›das schöne Pferd, das echte Fell, das böse Paulchen‹, oder so ähnlich. Und dann...«

»Als sie genug geschimpft hatten«, unterbricht Poldi, »hörten sie auch wieder auf.«

»So war es«, sagt der Ohle. »Unsere Tante Johanna war eine praktische Frau. Sie stopfte das Sägemehl wieder in den Pferdebauch und nähte ihn zu. Aber sie bekam nicht mehr alles hinein, und der Bauch wurde nicht mehr so prall wie zuerst. Er blieb immer ein bißchen eckig und schief. Aber das machte dem Paulchen nichts aus. Er schaukelte weiter von morgens bis abends... jahrelang. Bis er schließlich für das Schaukelpferd zu groß war. Und da war das Schaukelpferd auch abgewetzt und wacklig geworden.«

»Und da kam es zum Gerümpel«, sagt Poldi.

»Jetzt«, sagt der Ohle, »hätte mein Bruder Paul es schlachten dürfen, jetzt hätte niemand mehr geschimpft ... aber nun wollte er nicht mehr.«

»Ist doch klar«, sagt Poldi. »Wenn man darf, macht sowas doch keinen Spaß.«

Uii
DÜRFEN WIR AUCH MAL?
ZZZZZZZZ!!
wisper wisper

12
12
Ha Ha Ha Ha Ha
DARF ICH AUCH MAL?

Der Kahlkopf

»Nimm doch nicht immer die dreckige Puppe mit ins Bett«, sagte die Mutter zu Evi.

»Meine Anita«, sagte Evi, »ist keine dreckige Puppe. Meine Anita ist lieb.«

»Aber sie ist wirklich unappetitlich«, sagte die Mutter. »Schau dir doch das Gesicht an und die Haare!«

Wenn man die Puppe Anita betrachtete, einfach nur so, ohne sie lieb zu haben, mußte man es zugeben: Schön war sie nicht. Ihre Backen waren vom vielen Waschen und Abküssen grau und löchrig geworden. Sie hatte keine richtige Nase mehr, nur einen schmutzigen Knubbel, und von ihrem braunen Haar war gerade noch ein spärlicher Rest übriggeblieben.

Evi störte das nicht, aber Evis Mutter fing immer wieder davon an.

»Willst du dir nicht zu Weihnachten eine neue Puppe wünschen?« fragte sie.

Evi drückte ihre Anita an sich und sagte: »Nein!«

»Ich weiß noch was anderes«, sagte die Mutter. »Wir bringen Anita in eine Puppenklinik, da bekommt sie neues Haar und eine neue Nase.«

Evi wehrte sich. Sie wollte Anita nicht fortgeben.

Aber eines Tages sagte ihr älterer Bruder Alex etwas Gräßliches, etwas ganz Gemeines. Er sagte: »Deine Puppe ist ein räudiger Kahlkopf!«

Evi brach in Tränen aus. Und dann betrachtete sie ihre Anita zum ersten Mal mit prüfenden Augen: Es stimmte! Anitas Gesicht war abgeblättert und fleckig, und sie war wirklich fast kahl.

Da rannte Evi zu ihrer Mutter.

»Glaubst du«, schluchzte sie, »daß sie in der Puppenklinik auch wirklich gut sind zu meiner Anita?«

»Aber natürlich«, beruhigte sie die Mutter.

»Dann bring sie halt ... meinetwegen ...« sagte Evi.

Gleich am nächsten Tag ging die Mutter in die Puppenklinik. Es war die einzige in der Stadt, denn es gab nicht mehr viele Leute, die eine Puppe reparieren ließen.

Der Mann in der Puppenklinik untersuchte Anita und sagte dann: »Da ist nicht mehr viel zu retten. Sie müßte einen ganz neuen Kopf bekommen. Die Arme und Beine müßten auch erneuert werden.«

Er legte der Mutter verschiedene Puppenköpfe vor, aber es war keiner dabei, der aussah wie Anita.

»Außerdem«, sagte der Mann, »kostet die Reparatur mehr als eine ganz neue Puppe.«

Evis Mutter suchte nun in allen Spielwarengeschäften nach einer Puppe, die der alten Anita wenigstens annähernd ähnlich war. Schließlich kaufte sie eine, die genauso groß war und genau die gleichen braunen Haare hatte. Sonst sah die Neue allerdings ein bißchen anders aus, aber sie war ganz reizend und hatte ein abwaschbares Gesicht.

Als die Mutter mit der alten und der neuen Anita zu Haus ankam, war Evi noch im Kindergarten. Aber Alex war schon von der Schule zurück und entdeckte die Schachtel in Mutters Einkaufstasche.

»Aha«, sagte er, »Weihnachtseinkauf.«

»Eine neue Puppe für Evi«, antwortete die Mutter. »Sie darf es aber nicht wissen. Sie soll denken, es ist ihre Anita.«

»Aha«, sagte Alex, »Weihnachtsschwindel.«

»Sei nicht so frech«, sagte die Mutter. »Für Evi ist es so am allerbesten.«

»Laß ihr doch ihren räudigen Kahlkopf«, sagte Alex.

Die Mutter verstaute die Schachtel mit der neuen Puppe im Wäscheschrank. »Ich bin ja froh, daß das vergammelte Ding aus dem Haus kommt.« Sie warf Alex die Plastiktüte mit der alten Anita zu. »Da«, sagte sie, »steck sie in die Mülltonne – aber ein bißchen tiefer nach unten.«

Alex wog die Plastiktüte in der Hand, dann pfiff er leise vor sich hin und ging aus dem Zimmer.

Seitdem Anita verschwunden war, fragte Evi jeden Tag nach ihr. »Ist meine Anita noch in der Puppenlinik? Ist der Mann nett zu ihr? Hat sie auch kein Heimweh? Bekomme ich sie bestimmt an Weihnachten wieder?«

Und die Mutter antwortete immer: »Ja, Evi. Ganz gewiß, Evi. Mach dir keine Sorgen, Evi.«

Zum Weihnachtsabend zog Evis Mutter der neuen Puppe Anitas rotes Kleid an und setzte sie unter den Christbaum. Mit dem roten Kleid, fand die Mutter, sah sie Anita wirklich ähnlich.

Als sie dann aber Evi die Puppe entgegenhielt und sagte: »schau doch nur, wie hübsch deine Anita geworden ist!«, da wich Evi zurück und verschränkte ihre Hände auf dem Rücken.

»Nein!« stieß sie hervor. »Das ist nicht meine Anita!« Sie starrte die neue Puppe entsetzt an. »Ich will meine Anita... meine Anita will ich... meine Anita!«

Und dann begann sie zu weinen, ganz leise und ohne aufzuhören.

Das hatte die Mutter nicht erwartet. Sie versuchte, Evi zu beschwichtigen. Sie zeigte ihr andere Geschenke, führte sie vor den Weihnachtsbaum, aber Evi hielt die Augen gesenkt. Sie wollte nichts hören und keine Geschenke sehen.

»Anita«, klagte sie. »Wo habt ihr meine Anita?«

Da sagte Alex: »Wenn die nicht ihren räudigen Kahlkopf zurückbekommt, verdirbt sie uns das ganze Weihnachtsfest.«

»Aber...« stammelte die Mutter, »du hast sie doch...«

»Denkste!« sagte Alcx.

Er lief in sein Zimmer und kam mit einer Plastiktüte zurück; die drückte er Evi in die Hände.

»Anita!« schrie Evi und zog ihre alte zerzauste Puppe aus der Tüte.

Alex grinste. »Und was«, fragte er, »machst du jetzt mit der neuen Puppe?«

»Die?« sagte Evi, »die verschenke ich. An ein ganz fremdes Kind.«

»An ein ganz fremdes Kind?« wiederholte Alex. »Ach so, klar! Das darf natürlich nicht wissen, was für eine tolle Puppe dein Kahlkopf ist.«

Wenn ich in der Wüste wohnen tät,
dann tät ich einen Kaktus schmücken.

Wenn ich im Urwald wohnen tät, dann
tät ich einen Gummibaum schmücken

Wenn ich am Nordpol wohnen tät …

Wenn ich an einer Grenze wohnen tät, dann tät ich einen Schlagbaum schmücken.

Wenn ich auf einer Südsee-Insel wohnen tät, dann tät ich eine Palme schmücken.

Mister Santa

Diese Geschichte hat John Berry vor einigen Jahren in New York erlebt. Er schreibt sie hier auf, genauso wie sie sich zugetragen hat:

Es war wie verhext. Ich konnte einfach keine Arbeit finden. Von Beruf bin ich Installateur, aber ich hätte auch jede andere Stelle angenommen; als Koch oder Ausfahrer oder sonst was.

Drei Monate war ich schon arbeitslos. Ich wohnte in einer kalten verwahrlosten Bude. Wenn ich mich aufwärmen wollte, ging ich in eine Kneipe.

Das war Anfang Dezember. Immer um diese Zeit sind die breiten Prachtstraßen von New York mit bunten Lichterketten überspannt, und aus allen Schaufenstern der Innenstadt glänzt ein Weihnachtszauber von Glitzersternen, Elfen, Zwergen und Spielzeugstädten. Auf dem Platz im Rockefeller Center steht der größte Weihnachtsbaum der Welt. Er ist so hoch wie ein Haus mit zehn Stockwerken, und unter diesem riesigen Weihnachtsbaum gibt es in jedem Jahr eine Schlittschuhbahn.

Aber damals interessierte mich das alles nicht. Ich hatte kein Geld, ich war hungrig und durchgefroren, und ich suchte Arbeit. Jeder Job war mir recht.

So kam es, daß ich Weihnachtsmann in einem großen Warenhaus wurde.

Vor Weihnachten hat jedes Kaufhaus seinen eigenen Weihnachtsmann; in Amerika heißt er Santa Claus. Zu dem gehen die Kinder und flüstern ihm zu, was sie sich wünschen. Der Kaufhaus-Santa-Claus schreibt ihre Namen und Wünsche auf. Später holen sich die Mütter die Wunschzettel ab. Und weil das von den Kaufhausleuten so praktisch eingerichtet ist, kaufen sie auch gleich alles an Ort und Stelle.

Als Santa Claus also saß ich auf einem Weihnachtsthron in der Spielzeugabteilung. Auf alt und würdig geschminkt, mit angeklebtem weißen Bart, rotem Umhang und roter Zipfelmütze. Meiner Stimme gab ich einen tiefen und vollen Klang.

Vor mir standen die Kinder in einer langen Schlange und warteten, bis sie an der Reihe waren.

Die Kleinen glaubten, ich sei der echte Weihnachtsmann; die Größeren natürlich nicht. Die kamen oft nur, um mich zu ärgern. Sie zerrten an meinem Bart, rissen mir die Mütze herunter und flüsterten mir statt ihrer Weihnachtswünsche Schimpfworte ins Ohr.

Scharen von Kindern kamen jeden Tag. Ich habe längst vergessen, was sie sich alles wünschten und wie sie aussahen – nur Paco habe ich nicht vergessen. Sein braunes Gesicht mit den dunklen Augen sehe ich noch genau vor mir.

Eines Abends stand er da. Nicht gläubig wie die Kleinen, nicht übermütig wie die Größeren. Ganz ernst blickte er mich an. Seine Hände hielt er geballt in den Taschen. Er nannte mir seinen Namen und die Straße, in der er wohnte. Sie lag im Norden der Stadt in einem elenden Viertel, wo nur die ärmsten Farbigen leben.

»Mister Santa«, sagte er mit einer rauhen Stimme in holprigem Englisch. »Ich brauche Schlittschuh.«

»Schlittschuhe?« fragte ich.

»Ja, Schlittschuh«, wiederholte er. »Größe 6. Direkt am Stiefel festgemacht, verstehst du?«

Ich antwortete nicht gleich.

Paco senkte den Kopf. »Meine Mutter sagt, sie kann die Schlittschuh nicht kaufen. Aber du, Mister Santa... vielleicht kannst du...«

Die anderen Kinder drängten vor. Sie wollten endlich drankommen und schubsten Paco weg. Er wehrte sich nicht.

Auf dem Nachhauseweg kam ich an der Eisbahn unter dem riesigen Weihnachtsbaum vorbei. Dort sah ich Paco wieder. Seine dunklen Augen folgten den Kurven und Kreisen der Schlittschuhläufer auf dem hell erleuchteten Eis. Die Musik aus den Lautsprechern dröhnte über den Platz.

Es war kalt, und Paco hatte nur einen dünnen Pullover an. Aber er stand unbeweglich und schaute auf die glitzernde Eisfläche.

Als er zum zweiten Mal ins Warenhaus kam, fragte ich ihn: »Paco, warum brauchst du eigentlich Schlittschuhe? Es gibt doch viel nützlichere Sachen.«

Da warf er die Arme in die Luft und sagte: »Mister Santa, Schlittschuhlaufen, das ist...« Er suchte nach Worten und sagte dann nur »das ist schön.«

Er fuchtelte mit seiner kleinen Faust vor meinem Bart herum. »Ich muß Schlittschuh haben, verstehst du? Ich will Bögen machen auf dem Eis, verstehst du?«

Ich sah, daß der Abteilungsleiter uns beobachtete. Er merkte natürlich, daß Paco allein war, daß niemand etwas für ihn kaufen würde. Und ohne lange zu überlegen, flüsterte ich Paco zu: »Komm morgen wieder, Paco. Morgen ist Heiliger Abend, da ist alles möglich ... vielleicht sogar ein Wunder.«

Der Abteilungsleiter trat heran und sagte höflich aber mit deutlichem Tadel: »Santa Claus, da sind noch andere liebe Kinder die warten.«

Paco ging ohne ein Wort weg.

Am Vormittag des Heiligen Abends – es war mein letzter Tag als Santa Claus – kaufte ich ein paar Schlittschuhe mit Stiefeln Größe 6. Sie kosteten eine Menge Geld. Fast die Hälfte meines Wochenlohns als Weihnachtsmann. Und da fiel mir noch dazu ein, daß es mit den Schlittschuhen nicht genug war, daß Paco auch Eintrittsgeld für die Eisbahn brauchte. Er hatte bestimmt keinen Cent.

Wohl oder übel mußte ich ihm noch ein paar Dollar extra in die Stiefel stecken. Ich tat es nicht gern, und ich ärgerte mich dabei über mich selbst. »Total übergeschnappt«, dachte ich. »Die Hälfte eines Wochenlohns für einen fremden Jungen. Wohltätigkeitsfimmel! Weihnachtsmann spielen!«

Trotzdem wartete ich ungeduldig auf Paco.

Aber Paco kam nicht.

Die letzten Kinder waren abgezogen. Das Kaufhaus schloß seine Tore.

Ich legte die Santa-Claus-Verkleidung ab und zog meine eigene Jacke über. Dann ging ich hinaus auf den Platz mit dem großen Weihnachtsbaum. In der Hand trug ich die Tüte mit den Schlittschuhen.

Von der Eisbahn schallte die Musik herüber.

Langsam überquerte ich den Platz. Dann aber begann ich zu laufen, weil ich plötzlich fürchtete, zu spät zu kommen. Ich drängte mich nach vorn an die Eisfläche und suchte die Zuschauerreihen ab... und da entdeckte ich Paco. In seinem dünnen Pullover stand er wieder dort und starrte auf die Schlittschuhläufer. Die Fäuste hielt er vor den Mund gepreßt.

»Guten Abend, Paco«, sagte ich.

Paco blickte zu mir auf. Er erkannte mich nicht. »Wer sind Sie, Mister?«

»Ich komme von Santa Claus«, sagte ich. »Ich mache manchmal Besorgungen für ihn. Er hat auf dich gewartet. Warum bist du nicht gekommen?«

Paco schüttelte den Kopf. »Meine Mutter hat gesagt, es gibt keine Wunder. Für uns nicht.«

Da reichte ich ihm die Tüte mit den Schlittschuhen. »Von Santa Claus«, sagte ich.

Mit offenem Mund schaute Paco in die Tüte. Es dauerte lange bis er begriff, daß die Schlittschuhe ihm gehören sollten.

»Von Santa?« fragte er leise. »Wirklich?«

Er deutete mit dem Kopf hinüber zum Kaufhaus. »Wartet er noch?«

»Es ist schon geschlossen«, sagte ich. »Santa Claus ist fort. – Aber wenn du willst, kann ich ihm sagen, daß du dich freust.«

Paco nickte. Er drückte die Schlittschuhe an sich. Und dann lachte er. Seine kleinen weißen Zähne blitzten aus dem dunklen Gesicht. Alles an ihm leuchtete.

»Jetzt probier ich's«, sagte er.

Dann rannte er zur Schlittschuhbahn.

Nach ein paar vorsichtigen Bögen auf dem Eis drehte er sich noch einmal zu mir um. Er wedelte mit den Armen und schrie: »Ich kann's! Sagen Sie's ihm! Sagen Sie Santa Claus, daß ich's kann! Und – fröhliche Weihnachten, Mister!«

»Fröhliche Weihnachten, Paco«, rief ich zurück.

Ich sah ihn davonkurven. Er tauchte unter in der Menge der anderen Schlittschuhläufer.

Eine wahre Geschichte vom Nikolaus

»Papi, erzähl was vom Nikolaus!« verlangt Julia.

»Da muß ich erst drei Sekunden nachdenken«, sagte der Vater.

Julia zählt: »Eins ... zwei ... drei.«

»Du hast zu schnell gezählt«, behauptet der Vater. »Nochmal!«

»Eiiins ... zweiii ... dreiii. Weißt du jetzt was?«

»Mal versuchen«, sagt der Vater, und dann beginnt er:

»Am sechsten kommt der Nikolaus,
der stapft im Schnee von Haus zu Haus,
und auf dem Rücken huckepack
trägt er den Pfefferkuchensack.«

»Nein!« ruft Julia. »Kein Gedicht. Nicht so mit Laus und Haus. Lieber eine richtige Geschichte.«

»Schade«, sagt der Vater. »Auf Nikolaus hätte ich noch viel reimen können: Maus, Graus, Schmaus, Saus, Braus, kraus, Strauß...«

»Nein, nicht sowas!« unterbricht Julia. »Eine richtige Geschichte!«

Der Vater überlegt nochmal kurz. »Also gut«, sagt er. »Da habe ich gerade gestern was Passendes erlebt. Als ich abends auf den Bus wartete, stand noch ein anderer Mann an der Haltestelle. Er hatte einen Pelzmantel an und eine rote Zipfelmütze auf.«

»War er jung oder alt?« will Julia wissen.

»Ziemlich alt. Wie alt genau konnte ich nicht erkennen, weil es schon dunkel war. Außerdem trug der Mann einen dichten Vollbart. Der Bus kam ewig nicht, und wir trippelten alle beide eine Weile nebeneinander hin und her – wegen der Kälte, weißt du. Schließlich redete mich der Mann an. ›Verzeihen Sie‹, sagte er, ›warten Sie auch auf den Bus Linie 24?‹ – ›Ja‹, habe ich geantwortet. – ›Fahren Sie vielleicht auch zum Bonner Platz?‹ fragte er weiter, und ich habe wieder ›ja‹ geantwortet. ›Kennen Sie die Weberstraße?‹ erkundigte er sich. – ›Gewiß‹, habe ich gesagt, ›da wohne ich.‹ – ›Kennen Sie vielleicht auch eine Familie Sipperling?‹ fragte er.«

Julia blickt erstaunt auf. »Woher wußte er denn unsern Namen?«

Aber der Vater geht nicht auf die Frage ein und erzählt weiter: »›Sipperling‹, habe ich zu dem Mann gesagt, ›heiße ich selber. Darf ich wissen, mit wem ich die Ehre habe?‹ Da spuckte der Mann kräftig in den Rinnstein und sagte: ›Ich bin der Nikolaus, und ich bin auf dem Weg zu ihrer Tochter.‹«

»Zu mir?« ruft Julia erstaunt.

»Ja, das hat er gesagt«, bestätigt der Vater.

»Und das war gestern?«

»Jaja.«

»Er ist aber nicht zu mir gekommen«, sagt Julia. »Und überhaupt, ich glaub gar nicht, daß der Nikolaus an der Haltestelle gestanden hat. Das hast du dir nur ausgedacht.«

Der Vater lacht. »Natürlich habe ich mir das ausgedacht. Mühsam in meinem Kopf für dich ausgedacht.«

»Ich will eine andere Geschichte, keine ausgedachte«, fordert Julia.

»Du hast aber gesagt, sie muß vom Nikolaus handeln.«

»Ja.«

»Vom Nikolaus und nicht ausgedacht... Du, das ist ziemlich schwer.«

»Das macht nichts«, sagt Julia.

Diesmal denkt der Vater lange nach. »Also da wüßte ich...« sagt er endlich, »mal überlegen! Ja, da wüßte ich eine Geschichte, aber...«

»Was aber?« fragt Julia.

»Sie ist wahr.«

»So eine will ich. Erzähl!«

»Sie spielt im Warenhaus«, sagt der Vater.

»Wieso spielt?« erkundigt sich Julia. »Ist das doch schon wieder ausgedacht?«

»Nein, bestimmt nicht«, beteuert der Vater. »Ich habe mich schlecht ausgedrückt. Es muß heißen: sie hat sich im Warenhaus abgespielt.«

»Erzähl schon!«

Und der Vater erzählt: »Am 6. Dezember sind immer viele Nikoläuse unterwegs.«

»Weiß ich«, sagt Julia. »Die sind verkleidet und gehen zu den Kindern.«

»Richtig, aber nicht nur zu den Kindern. Es gibt auch Geschäfte, die sich einen Nikolaus bestellen. Der soll ein bißchen Weihnachtsstimmung machen für die Kunden.«

»Ist das schon die Geschichte?« fragte Julia.

»Ja«, sagt der Vater. »Im vorigen Jahr nämlich hat sich ein fremder Nikolaus unter die Leute gemischt und ist durch das Warenhaus am Hauptplatz geschlendert. Er hat allen Leuten freundlich zugenickt und den Kindern die Hand gegeben. Und jeder sagte: ›So ein netter Nikolaus!‹

Am Abend aber – kurz bevor das Warenhaus schloß – sagte der fremde Nikolaus: ›So, jetzt will ich dem Oberkassierer noch einen kleinen Besuch abstatten. Der Oberkassierer soll auch mal eine Freude haben.‹ Da sagten wieder alle: ›So ein netter Nikolaus!‹

Der Fremde ging also in die Hauptkasse, wo der Oberkassierer gerade das viele Geld zählte, das im Warenhaus an diesem Tag eingenommen worden war. Er grüßte freundlich, dann öffnete er seinen Nikolaussack und sagte lachend: ›Sie erlauben doch einen kleinen Nikolausscherz?‹ Dabei grapschte er die Geldscheine, die in Stapeln auf dem Tisch lagen und steckte sie in seinen Sack.

Der Kassierer lachte zuerst auch. Als der Nikolaus aber den gefüllten Sack über die Schulter warf und freundlich grüßend zur Tür ging, kamen dem Kassierer Bedenken. ›Halt!‹ rief er. ›So weit dürfen Sie den Scherz nicht treiben. Das Geld muß im Kassenraum bleiben.‹

Da drehte sich der fremde Mann um, zog eine Pistole aus seinem Nikolausmantel und sagte gar nicht mehr freundlich: ›Das ist kein Scherz. Das ist ein Überfall. Rühr dich nicht, sonst knallt's.‹

Der Kassierer wagte nicht auf den Alarmknopf zu drücken oder um Hilfe zu rufen. Er starrte den Räuber im Nikolausgewand an, der sich langsam rückwärts aus der Tür bewegte und dabei die Pistole auf ihn gerichtet hielt.«

»Uiii!« ruft Julia, »war das wirklich ein echter Räuber?«

»Ein echter«, sagt der Vater. »Erst als er verschwunden war, löste der Kassierer das Alarmsignal aus.«

»Und da«, sagt Julia, »da haben sie ihn geschnappt.«

Der Vater schüttelt den Kopf. »Sie haben ihn nicht geschnappt. Der Räuber war wie von der Erde verschluckt mit seinem Geldsack. Nur die Nikolausmütze und der Mantel und der weiße Bart lagen auf dem Fußboden in der Porzellanabteilung.«

»Die hatte er fortgeworfen, gell?«

»Natürlich, damit ihn keiner erkannte.«

Julia holt tief Luft und sagt: »Toll, Papi. Aber weißt du... eigentlich... eine richtige Nikolausgeschichte ist das nicht.«

Und der Vater erwidert: »Eigentlich nicht. Aber sie ist wahr, und das wolltest du doch ... oder?«

Wolfgang aus dem Heim

»Wo ist denn Wolfgang?«

Den Kameraden im Fürsorgeheim fiel Wolfgangs leerer Platz am Eßtisch sofort auf.

»Vielleicht abgeholt«, meinte Norbert.

»Der doch nicht!« sagte Berni. »Der hat doch niemand. Der bleibt Weihnachten immer im Heim.«

Die Kinder wußten, daß Wolfgang nie Besuch bekam, daß keiner sich um ihn kümmerte.

Wieso war er dann weg?

Vielleicht hatte das etwas mit dem Brief zu tun. Vorige Woche war ein Brief für Wolfgang gekommen. Das hatten alle bemerkt, denn es kam selten Post ins Heim.

»Wer hat dir denn geschrieben?« hatte Hannes gefragt, und Wolfgang hatte geantwortet: »Mein Vater.«

Daß Wolfgang noch einen Vater hatte, wußte bisher keines der Kinder. Wolfgang hatte nie von ihm gesprochen. Er wollte nicht sagen, daß sein Vater im Gefängnis saß. Er schämte sich, einen solchen Vater zu haben.

Nun hatte er ihm geschrieben. Ein paar Tage vor Weihnachten. »Ich bin entlassen«, hatte er geschrieben. »Jetzt versuche ich neu anzufangen. Hier schicke ich dir zu Weihnachten zehn Mark. Kauf dir was dafür.«

Wolfgang hatte den Brief immer und immer wieder gelesen. Aus dem Absender konnte er entnehmen, daß der Vater in einer nicht weit entfernten kleineren Stadt wohnte. Aber er hatte nicht geschrieben, daß er Wolfgang besuchen wollte. Mit dem Zehnmarkschein war Wolfgang dreimal in der Stadt gewesen und hatte Schaufenster betrachtet. Jedesmal war er ins Heim zurückgegangen ohne etwas zu kaufen.

Am Weihnachtstag aber, als alle im Heim mit Schmücken und Vorbereiten beschäftigt waren, faßte Wolfgang einen Entschluß: Er wollte zu seinem Vater fahren.

Er dachte nicht an die Folgen, er überlegte nicht, daß man ihn im Heim suchen würde. – Wolfgangs Mutter war schon lange tot, aber er hatte einen Vater, zu dem wollte er. Das war alles.

Am Bahnhof kaufte er von seinen zehn Mark eine Fahrkarte und suchte sich auf dem Abfahrtsplan den nächsten Zug heraus.

Eine Stunde fuhr er in einem leeren Abteil durch den grauen Wintertag.

Dann in der fremden Kleinstadt fragte er sich

nach der Adresse durch, die auf dem Briefumschlag stand. – Falkenstraße 8 bei Schmalik.

Vor der Wohnungstür zögerte Wolfgang zum ersten Mal. Er hatte seinen Vater seit vier Jahren nicht gesehen. Damals war er sieben gewesen. Jetzt wohnte der Vater in einem fremden Haus bei fremden Leuten.

Wolfgang stand im Treppenhaus und lauschte in die Wohnung hinein. Lange Zeit stand er da und konnte sich nicht entschließen zu läuten.

Ich warte bis einer rauskommt, dachte er.

Von den Stimmen, die von Zeit zu Zeit aus der Wohnung drangen, kam ihm keine bekannt vor. Vielleicht war der Vater nicht zu Hause. Und was hatte er überhaupt für eine Stimme? Wolfgang erinnerte sich nicht mehr genau daran.

Eine junge Frau stieg die Treppe herauf, ging an ihm vorbei einen Stock höher. Dann kamen noch andere Leute mit Einkaufstaschen und Paketen.

Wolfgang setzte sich auf eine Treppenstufe. Wie spät es war, wußte er nicht.

Als der Vater schließlich die Treppe heraufkam, war es schon dämmrig.

Wolfgang stand auf, wußte nicht sicher, ob er es war, fragte: »Sind Sie... bist du...?«

»Wolfgang!« sagte sein Vater. »Wolfgang – du bist hier?«

Wolfgang nickte nur. Und weil auch der Vater nicht redete, standen sie eine Weile stumm voreinander, unschlüssig, was jetzt geschehen sollte.

Der Vater sah müde und bedrückt aus. In seinem Gesicht war ein nervöses Zucken.

Er freut sich nicht, dachte Wolfgang. Es ist ihm nicht recht, daß ich hier bin.

»Komm!« sagte der Vater endlich. Er schloß die Wohnung auf und schob Wolfgang durch den leeren Flur in sein Zimmer.

Und dann begann er zu reden. Er redete lange und im Grund immer dasselbe: »Aber Wolfgang«, sagte er, »das geht doch nicht. Du darfst nicht ausreißen. Das kannst du doch nicht machen. Wo ich jetzt endlich in Freiheit bin, muß doch alles klargehen. Da darfst du keine Dummheiten machen. Sei vernünftig! Du hast es gut im Heim. Besser als bei mir. Ich hab ja nicht mal ein Bett für dich. Ich muß erst selbst wieder Boden unter den Füßen haben. Versteh das doch!«

Wolfgang schaute seinen Vater nicht an. Alles was er verstand war: er kann mich nicht gebrauchen, er will mich wieder abschieben.

Jetzt sagte der Vater: »Die haben bestimmt

schon die Polizei alarmiert. Sie vermissen dich doch längst. Wenn bist du denn abgehauen?«

»So um zwölf ungefähr«, antwortete Wolfgang.

Der Vater sah nach der Uhr. In seinem Gesicht zuckte es wieder.

»Die schicken mir die Polizei auf den Hals«, sagte er. »Was machen wir denn nur?«

»Wenn du willst, fahre ich gleich wieder weg«, sagte Wolfgang. Er hielt den Kopf gesenkt. Trotzdem spürte er, daß sein Vater ihn zum ersten Mal richtig und lange anschaute.

Und dann sagte der Vater: »So pressiert's ja auch wieder nicht. Ich laufe jetzt runter ins Telefonhäuschen und gebe im Heim Bescheid. Dann sehen wir weiter. Bleib solange hier.«

Als er aus dem Haus trat und die Straße hinunterging, stand Wolfgang am Fenster und sah ihm nach.

Vielleicht, dachte er, vielleicht will er mich gar nicht abschieben. Er hat nur Angst vor der Polizei.

Nach zehn Minuten kam der Vater zurück. Er sah jetzt viel fröhlicher aus.

»Ich habe mit dem Heimleiter gesprochen«, berichtete er. »Eigentlich war er sehr nett. Er hätte sich schon so was gedacht, hat er gesagt. Und es wäre ja recht so. Heute Abend um zehn mußt du natürlich zurück sein; dann ist alles in Ordnung, hat er gesagt.«

Der Vater legte Teller und Messer auf den Tisch und packte das Abendessen aus der Einkaufstüte aus.

»Jetzt essen wir erst mal zusammen«, erklärte er. »Hungrig brauchst du nicht abzufahren.«

Es gab weißen Preßsack und schwarzen Preßsack und eine Rolle Mainzer Käse. Dazu trank der Vater Bier, und Wolfgang durfte auch mal einen Schluck mittrinken.

»Im Heim gibt's heute sicher was Besseres«, sagte der Vater.

»Preßsack und Bier mag ich am liebsten«, sagte Wolfgang.

»Wenn ich gewußt hätte, daß du kommst«, sagte der Vater, »hätte ich was gekocht. – Früher hab ich immer für uns zwei gekocht.«

»Weiß ich.«

»Weißt du auch noch«, fragte der Vater, »wie ich mal ein Huhn zu Weihnachten gebraten habe, und das ist kohlschwarz verbrannt, weil wir mittlerweile mit der Eisenbahn gespielt haben?«

Wolfgang nickte. »Ich war der Lokführer.«

»Und ich der Weichensteller«, sagte der Vater.

»Du hast mir gezeigt, wie man die elektrischen Anschlüsse macht.«

»Und alle Eisenbahn-Fachausdrücke mußte ich dir beibringen.«

»Tenderlok!« rief Wolfgang.

»Verschiebelok!« gab der Vater zurück.

»Steuerwagen!«

»Signalbrücke!«

»Pufferbohle!«

»Feuerbuchse!«

»Druckluftbremszylinder!«

»Doppeltraktion!«

Dann lachten alle beide, und Wolfgang freute sich, daß der Vater lachte. – »Es ist schön bei dir«, sagte er.

»Schön?« wiederholte der Vater. »Ich hab ja nicht mal einen Weihnachtsbaum.«

Aber Wolfgang erklärte: »Das macht nichts. Darauf kommt's nicht an. – Sag nochmal Feuerbuchse! Druckluftbremszylinder! Doppeltraktion!«

Und sie begannen ihr altes Eisenbahnspiel von vorn.

Wolfgang war jetzt richtig zufrieden: Da saß sein Vater, der gehörte ihm ganz allein, den brauchte er mit keinem zu teilen. Nicht wie im Heim, wo jeder Hausvater für zehn Buben da war.

Später, als sie zusammen am Bahnhof standen,

sagte Wolfgang: »Ich will jetzt immer kommen. In allen Ferien.«

Und der Vater antwortete: »Geht in Ordnung! Ich bring dich schon unter. Das schaffen wir leicht. Fürs erste kaufen wir ein Klappbett für dich. Und dann ... du wirst schon sehn! Ich bin ja jetzt wieder da.«

Jeder schmückt seinen Weihnachtsbaum anders.

– Ein Baum kann selbstgebastelten Schmuck tragen.

– Oder er kann silbrig und vornehm schimmern.

– Er kann auch mit Zuckerzeug behängt sein.

– Und er kann bunt und lustig aussehen.

Vielleicht sieht man es einem Baum an, wer ihn geschmückt hat.

Auf den nächsten Seiten sind vier Christbäume und vier Familien abgebildet…

. . .welche Familie paßt zu welchem Baum?

Nori erzählt:
Wie ich die Überraschung entdeckt habe

Ich wollte ja nur ein paar Stoffreste zum Spielen suchen. Ich hatte bestimmt keine Ahnung, daß im alten Schrank in der Kammer Weihnachtssachen lagen.

Meine Mutter war gerade einkaufen, und ich brauchte dringend ein paar bunte Flicken. In der Kammer bewahrt sie das Kramzeug auf. Deshalb hab ich dort gesucht, aber ich konnte die Flicken nicht gleich finden.

Ganz oben im alten Schrank entdeckte ich eine lange Schachtel. Da sind sie vielleicht drin, dachte ich.

Der alte Schrank ist aber ziemlich hoch. An das obere Fach komme ich nur, wenn ich auf einen Stuhl steige. Ich hab einen Stuhl geholt und bin hochgestiegen.

Ich hab wirklich nur an die Flicken gedacht, und als ich den Deckel von der langen Schachtel aufhob, war es schon zu spät.

Ich bin furchtbar erschrocken, als ich die Kasperlpuppen sah. Ich wußte gleich, daß das eine ganz große Überraschung für mich sein sollte. Und jetzt hatte ich sie schon alle gesehn: den Kasperl und die Hexe und den Zauberer und die Großmutter und die Prinzessin und den Teufel und das Krokodil. So richtig schön waren die. Mit lustigen Köpfen und bunten Kleidern.

Ich hab den Deckel schnell wieder auf die Schachtel gelegt und bin vom Stuhl gestiegen. Den ganzen Nachmittag konnte ich nichts Gescheites mehr machen, weil jetzt alles verdorben war.

Als mein Vater am Abend nach Haus kam, ging er mit meiner Mutter gleich in die Kammer. Da haben sie eine Weile gekramt und getuschelt. Ich hab gehört, wie mein Vater abwechselnd mit einer ganz hohen und einer ganz tiefen Stimme gesprochen hat, und dann haben alle beide gelacht.

Später hat mein Vater zu mir gesagt: »Übrigens Nori, du darfst jetzt nicht mehr an den Schrank in der Kammer gehen.«

Ich muß ein komisches Gesicht gemacht haben, denn mein Vater lachte und sagte: »Du brauchst nicht zu erschrecken, da sitzt kein Gespenst drin. Es ist nur wegen Weihnachten – du verstehst schon.«

Ich nickte und rannte schnell weg.

Und dann hab ich mir immerzu überlegt, wie

man das macht, daß man sich freut und so tut, als wäre es eine ganz große Überraschung.

Am Heiligen Abend hab ich gedacht, sie sehen es mir an, daß ich schon alles weiß, aber sie haben nichts gemerkt.

Mein Vater ist hinter das Kasperltheater gekrochen und hat uns vorgespielt. Bei der Prinzessin hat er mit einer ganz hohen Stimme gesprochen, und beim Teufel hat er tief und wütig geknurrt.

Das war so lustig, und da hat es mir nichts mehr ausgemacht, daß es keine ganz echte Überraschung gewesen ist.

Nori erzählt:
Wie der Udo mit dem neuen Kochherd kochen wollte

Die Manuela hat einen kleinen Bruder. Den sollen wir immer mitspielen lassen, wo er doch gar nicht gescheit spielen kann und alles durcheinanderschmeißt.

Zu Weihnachten hat die Manuela einen elektrischen Kochherd bekommen. Auf dem kann man prima kochen. Wir haben schon Bratkartoffeln gemacht und Pfannkuchen.

Wenn wir kochen, kommt gleich der Udo an und will auch kochen. Das wird aber nie was. Dreckige Salatblätter steckt er in den Topf und streut Mehl darüber.

Gleich am ersten Weihnachtstag hat er ein Päckchen Erbswurstsuppe für eine ganze Familie in einen winzigen Topf geschüttet und mit Wasser angerührt. Das hat einen dicken Baaz gegeben. Der ist übergekocht und ist am Topf und auf der elektrischen Platte angebrannt. Manuelas Mutter hat geschimpft, weil es am ersten Feiertag in der ganzen Wohnung nach angebranter Erbswurstsuppe gestunken hat. Wir sollten besser auf Udo aufpassen, hat sie gesagt. Die Manuela hat geheult und auf den Udo geschimpft, weil der neue Herd versaut war. Und der Udo hat auch geheult, weil er immer heult, wenn er was angestellt hat.

Der Vater von Manuela hat gesagt, das Geplärr kann man nicht aushalten und hat das Radio angedreht. Da tönte ein Weihnachtslied heraus, und das hat überhaupt nicht gepaßt.

Weil es beim Kochen jedesmal Streit gibt, haben wir uns für den Udo was ausgedacht, damit er was anderes spielt. Wir haben gesagt, er ist unser Briefträger, und er soll Briefe austragen. Das hat ihm gleich gut gefallen. Er hat die ganze Weihnachtspost von seinen Eltern in die Umhängetasche gesteckt und hat sie den andern Leuten im Haus in die Briefkästen geschmissen.

Damit war er leider bald fertig und kam wieder an.

Er hat erklärt, daß er jetzt Paketausträger ist. Er will Pakete packen für all die armen Leute, die zu Weihnachten nichts bekommen haben.

Uns war das recht, weil Pakete packen eine lange Beschäftigung ist, und weil er uns da nicht gestört hat.

Der Udo hat sich in eine Ecke verzogen und Pappschachteln vollgepackt. Alles, was auf dem Schreibtisch lag, hat er hineingepackt: die Briefwaage, alle Kugelschreiber, den Brieföffner und die Papierschere.

Dann hat er vom Weihnachtstisch Geschenke weggeholt und auch in die Pakete gesteckt. Wir haben aufgepaßt, daß er nichts von der Manuela nahm. Das tat er aber nicht. Nur die Sachen von seinen Eltern.

Die Pakete hat er dick mit Tesa verklebt. Eine große Rolle Tesa hat er verbraucht. Er hat ganz brav dagesessen und geklebt, und dabei hat er geschnauft.

Als er mit den Paketen zur Tür hinaus wollte, schnappte ihn seine Mutter und fragte, was er da drin hätte. Der Udo sagte ganz stolz: »Schreibtischsach und Weihnachtssach.« Und er erklärte ihr, daß es so viele arme Leute gibt, die nichts zu Weihnachten bekommen haben.

Er mußte die Pakete aber trotzdem wieder auspacken. Da kam die neue Krawatte von seinem Vater zum Vorschein und auch der Reisewecker und das Rasierwasser. Das mußte er unter den Weihnachtsbaum zurücklegen, das andere auf den Schreibtisch.

Da hat der Udo wieder geheult, und seine Mutter hat gesagt, wir sollen ihn mitspielen lassen. Dabei hat der Udo genug eigenes Zeug zu Weihnachten bekommen, und der Kochherd gehört ganz allein der Manuela. Wie das die Manuela ihrer Mutter erklärte, hat die Mutter gesagt: »An Weihnachten muß man alles teilen.«

Da konnten wir nichts mehr machen und haben ihn halt wieder mitkochen lassen.

Nori erzählt: Wie mein Weihnachtsgeschenk kaputtgegangen ist

Einmal hab ich meiner Mutter zu Weihnachten eine Obstschale aus Ton machen wollen. Es sollte eine schöne große Schale werden.

Das war furchtbar schwer. Der Boden ging ja noch, aber das andere! Ich mußte alles Stück für Stück aneinandersetzen. Die Ränder hab ich immer und immer wieder neu machen müssen. Sie wurden wellig und krumm und sackten zusammen. Die ganze Adventszeit habe ich heimlich in meinem Zimmer daran gearbeitet. Da hab ich die Tür abgeschlossen, und niemand durfte rein.

Wenn ich aufhören mußte, hab ich die angefangene Schale und den Ton in eine Schachtel gelegt und im Keller versteckt. Weil ich Angst hatte, daß meine Mutter es entdecken könnte, hab ich auf die Schachtel einen Totenkopf gemalt und draufgeschrieben »Vorsicht! Wer aufmacht, kriegt grüne Finger für immer und ewig.« Da war ich ganz sicher, daß niemand reinschaute.

Als die Schale eine schöne Form hatte und der Ton trocken war, wollte ich sie noch anmalen. In Popfarben habe ich Muster draufgemalt. Bunte

Blätter und Blumen und Ranken und alles, was mir einfiel.

So was Schönes hatte ich noch nie vorher gemacht. Und auch noch nie so was Schweres. Ich hab die Schale immer anschauen müssen, so gut hat sie mir gefallen, und ich hab mir vorgestellt, was meine Mutter für ein Gesicht macht, wenn ich sie ihr schenke.

Einen Tag vor Weihnachten wollte ich sie noch mal betrachten, weil ich's schon gar nicht mehr aushielt, bis ich sie herzeigen konnte. Ich bin in den Keller gestiegen und hab die Obstschale aus der Schachtel genommen. Die Farben haben geleuchtet, sie war wunder-wunderschön.

Wieso sie mir aus den Händen gerutscht ist, weiß ich nicht. Das ging so schnell. Es hat »klatsch« gemacht, und meine Schale hat zerborsten auf dem Kellerboden gelegen. Sie war mittendurch gebrochen, und von den Seiten waren auch Stücke ab.

Ich hab nur dagestanden und sie angestarrt, und in mir war ein Gefühl, das kann ich nicht beschreiben.

Als meine Mutter nach mir rief, bin ich aufgeschreckt. Sie kam herunter in den Keller und sah die Scherben. Erst hat sie nur »ach, ach, ach!« gerufen. Dann hat sie sich gebückt und die Teile aneinandergehalten. »Wir kleben es wieder, Nori«, hat sie gesagt. Und wie ich den Kopf geschüttelt habe, hat sie behauptet: »Das kann man kleben, ganz bestimmt.«

Aber da bin ich zornig geworden, weil man doch sah, daß das nicht ging. Und ich habe gedacht, wenn meine Mutter so was Dummes redet, geschieht es ihr recht, daß sie die Obstschale nicht bekommt. Vielleicht hat sie gemeint, daß sie mich trösten muß. Aber sie durfte mir nicht einreden, daß noch was zu retten war. Das war eine Schwindelei und kein Trost.

Ich hab die Scherben nicht angerührt und bin in unsere Wohnung gerannt. Innen drin war ich ganz rissig, und am Weihnachtsabend war es auch noch nicht weg. Ich mußte immerzu denken, wie schön die Tonschale gewesen war und daß ich jetzt kein Geschenk hatte. Meine Mutter hat auch daran gedacht, das habe ich ihr angemerkt. Vom Kleben hat sie aber nichts mehr gesagt.

Ein paar Wochen später fand ich einen bunten Scherben in der Schublade, wo meine Mutter die Kinderbilder und Erinnerungen aufbewahrt. Daran erkannte ich, daß ihr mein Geschenk gefallen hat und daß sie wußte, wie schlimm es an Weihnachten für mich war.

Geheimnis 612

Ein paar Tage vor Nikolaus.
Susanne (9 Jahre) und Corinna (10 Jahre):

Die Eltern sagen:

Trotzdem knobeln sie eine Überraschung aus. Aber sie denken dabei: Wenn schon, dann sollen sich die Kinder ein bißchen anstrengen!...

Am Nikolaustag finden Susanne und Corinna überall Hände an den Wänden. Die führen an ein Bilderrätsel.

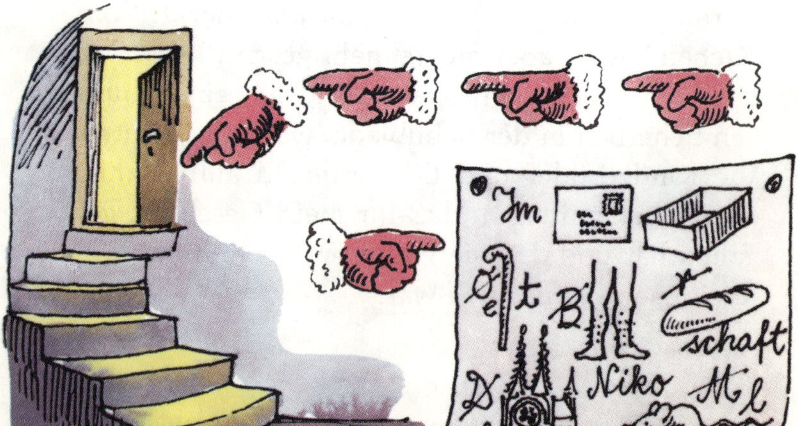

Aha! ... Sie rennen an den Briefkasten. Da finden sie die Botschaft und erfahren, was sie weiter tun müssen.

Kurz darauf in der Wirtschaft ZUM ROTEN REITER.

Nachdem sie das Kennwort NIKOLAUS gesagt haben, gibt ihnen der Wirt eine vergoldete Nuß.

In der Nuß ist ein winzigklein gefalteter Brief, in dem steht: HOLT EUCH VON ONKEL BERT DIE EINE HÄLFTE, VON TANTE DORA DIE ANDERE.
Komisch!...
Sie gehen zu Onkel Bert und Tante Dora: Von jedem bekommen sie die abgerissene Hälfte eines beschriebenen Zettels.

Das sind die beiden Hälften.

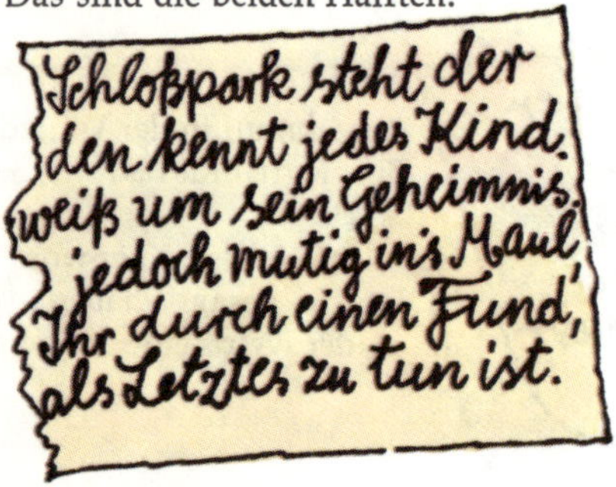

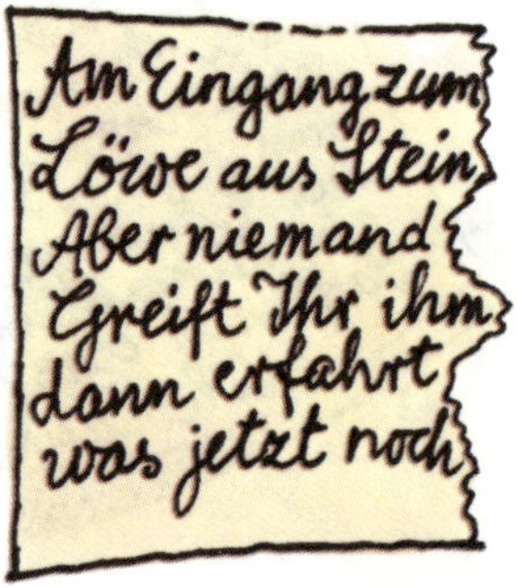

Für Susanne und Corinna ist die Sache nach kurzer Überlegung sonnenklar!
Sie steigen zum Löwen auf den Sockel und ziehen ein Päckchen aus seinem Mau
Darin ist ein Schlüssel.

Jetzt brauchen sie nur noch den Bus zum
Bahnhof zu nehmen...

...und das Schließfach 612 zu öffnen.

Ein Christbaum zuviel

»Erika!« rief Herr Peschke, als er seine Frau mit einem Weihnachtsbaum ankommen sah. »Wer hat dir aufgetragen, Erika, einen Baum zu kaufen?«

»Ich dachte...«, sagte Frau Peschke und schleppte die Fichte in die Wohnung, »ich dachte, es ist höchste Zeit, und ich wollte dir die Mühe abnehmen.«

»Zu spät«, erwiderte Herr Peschke. »Ich habe mir die Mühe bereits gemacht.« Er deutete auf einen Tannenbaum, der neben der Garderobe lehnte. »Jetzt haben wir zwei.«

Frau Peschke blickte ratlos von einem Baum zum andern und sagte: »Aber wir brauchen doch nur einen.«

Da nickte Herr Peschke und brummelte: »Du hast es erfaßt.«

»Ich bringe das sofort in Ordnung«, erklärte die Frau. »Den einen verkaufen wir in der Nachbarschaft.«

Frau Peschke klingelte bei Lohmanns, aber Lohmanns hatten schon einen Christbaum. Sie versuchte es bei Hofmeisters, bei Walbergs, bei

Blaumers ... niemand konnte ihren Baum gebrauchen.

»Ist doch klar«, grantelte Herr Peschke. »Einen Tag vor Weihnachten wirst du keinen Christbaum mehr los.«

»Und jetzt?« fragte Frau Peschke.

»Jetzt wird er zerhackt.« Herr Peschke trommelte verärgert an die Fensterscheibe und überlegte, was man mit einem zerhackten Tannenbaum anfängt, wenn man Ölheizung hat.

Herr Peschke trommelte heftiger und blickte dabei auf die Straße. Unten schob der Schneeräumer den Großstadtschnee zu schmuddeligen Haufen an den Gehsteig. Ein Arbeiter schaufelte die schweren Brocken in einen Kippwagen.

»Ein Türke«, sagte Herr Peschke und deutete auf den fremdländisch aussehenden Mann mit der Schneeschaufel. »Bei der städtischen Straßenreinigung haben sie fast nur noch Türken.«

Plötzlich stellte Herr Peschke sein Trommeln ein. Er hatte einen raschen Entschluß gefaßt: »Der Türke da unten«, erklärte er seiner Frau, »kriegt unsern überzähligen Christbaum. Dann sind wir ihn los.«

Er ging auf den Flur, packte den Baum, den seine Frau gekauft hatte, und trug ihn vor die Haustür. Von dort aus rief er den Türken an und machte ihm Zeichen, näher zu kommen. Der Mann stieß seine Schaufel in den bräunlichen Schneeberg und kam ans Haus.

»Da«, sagte Herr Peschke, »den schenk ich dir. – Christbaum, verstehst du? Den kannst du dir schmücken.«

Der türkische Arbeiter verstand nicht, was Herr Peschke sagte. Er verstand nur so viel, daß er einen Baum geschenkt bekommen sollte. Er hatte gesehen, daß solche Bäume überall in der Stadt verkauft wurden. Das war ein Brauch, gut ... aber was sollte er selbst mit einem Christbaum? Er hatte nicht die gleiche Religion wie die Leute in diesem Land. Er war ein Moslem und feierte nicht Weihnachten.

»Da«, drängte Herr Peschke, »nimm ihn!«

Der Türke konnte sich in der ihm fremden Sprache nicht ausdrücken. Wie sollte er erklären, daß er den Baum nicht gebrauchen konnte? Es kam ihm unhöflich vor, einfach den Kopf zu schütteln oder eine abwehrende Handbewegung zu machen. Deshalb nickte er ein bißchen verlegen, sagte »dankschöndank« und trug die Fichte behutsam zu seinem Schneekarren.

Herr Peschke ging zufrieden in seine Wohnung zurück. Der türkische Arbeiter schaufelte den restlichen Schneedreck auf und zog dann ein Stück weiter.

Als der Dienst zu Ende war, schoben die Männer von der Straßenreinigung die Karren zusammen und verstauten ihre Geräte auf einem Lastwagen.

Die deutschen Arbeiter lachten, als sie den Türken mit dem Tannenbaum sahen. Sie sagten: »Gut, gut! Du auch Christbaum. Du bald richtiger Deutscher.«

Der Türke nickte freundlich, schulterte seinen Baum und machte sich auf den Heimweg.

Im Bus bekam er einen Sitzplatz; den Christbaum nahm er zwischen die Knie. Die Frau ihm gegenüber betrachtete ihn eine Weile interessiert, dann fragte sie: »Ist der Weihnachtsbaum für deine Kinder?«

»Nix versteh«, sagte er und hob die Schultern.

»Baum«, sagte die Frau.

»Ja Baum«, antwortete er.

Da kramte sie in ihrer Tasche und holte zwei Päckchen Lametta heraus. »Da, zum Schmükken.«

»Dankschöndank«, sagte der Türke.

Als er vor seiner Unterkunft im Barackenlager angelangt war, blieb er unschlüssig stehen. Den Christbaum hielt er unterm Arm.

Ich werfe ihn weg, entschied er.

Aber er kam nicht dazu, denn die Frau des Verwalters trat aus dem Haus.

»Christbaum, schön!« rief sie erfreut.

Sie packte den Baum, schleifte ihn in die Unterkunft und beschaffte in kürzester Zeit einen Christbaumständer und Kerzen. Der Türke zog die zwei Päckchen Lametta aus der Tasche und sah zu, wie die Frau Kerzen aufsteckte und Silberfäden an die Zweige hängte.

Bald darauf kamen auch seine Kameraden von der Arbeit. Er wußte nicht, wie sie es aufnehmen würden, daß ein Christbaum in der Bude stand. Deshalb sagte er nicht, daß er es war, der ihn mitgebracht hatte. Aber der Baum störte sie nicht. Sie betrachteten ihn und zuckten mit den Schultern.

Am Weihnachtsabend schlenderten die türkischen Arbeiter durch die menschenleeren Straßen zum Hauptbahnhof. Dort trafen sie Landsleute wie meistens in der Freizeit. Später saßen sie noch in der Baracke zusammen.

Da stand der geschmückte Baum, aber seine Kerzen zündeten sie nicht an. Sie tranken Raki, ihren heimatlichen Schnaps, und sprachen von ihren Frauen und Kindern in der Türkei.

Und einer sagte: »Ich weiß nicht was besser ist:

in einem reichen Land sein so fremd wie wir oder in der Heimat leben so arm wie die andern.«

Zur gleichen Stunde strahlten bei Peschkes die Kerzen am Weihnachtsbaum.

»Jetzt«, sagte Herr Peschke, »sitzt der Türke unter unserm zweiten Christbaum.«

»Der wird froh sein«, erwiderte Frau Peschke. »Ohne uns hätte er vielleicht keinen.«

»Es war ein gutes Werk«, sagte Herr Peschke. »An Weihnachten muß man auch für die Fremden ein Herz haben.«

Antonio

Eigentlich war er nur in die Kirche gekommen, weil seine Mutter ihm das aufgetragen hatte.

»Geh bei der Madonna vorbei«, hatte sie gesagt. »Bete ein Ave Maria. Das hilft.«

Immer sagte die Mutter »das hilft«. Aber Antonio wußte es besser. Er hatte in seinem jungen Leben schon viele Gebete gesprochen: War er davon satt geworden? Hatte er deshalb mehr als nur eine einzige Hose und ein altes Jäckchen? War der Vater davon am Leben geblieben?

Antonio konnte keinen Zusammenhang erkennen zwischen den inbrünstigen Gebeten seiner Mutter und der Not, in der er lebte.

Sie waren alle bitter arm. Alle, die in seinem Dorf wohnten. Bis auf den Padrone natürlich. Dem Padrone gehörte das Land, auf dem alle arbeiteten. Er hatte einen dicken Bauch und ein Auto.

Wieso der Padrone reich war und sie arm, konnte sich Antonio nicht erklären, und wenn er seine Mutter danach fragte, gab sie ihm einen Klaps auf den Mund, als hätte er etwas Verbotenes gesagt.

Als Antonio an jenem kalten Dezembertag die

Kirchentür öffnete, wurde er von einem Windstoß förmlich hineingefegt in das dämmrige Kirchenschiff.

Der Mesner hatte schon für Weihnachten geschmückt. Überall standen neue Sträuße mit künstlichen Blumen, bunt und silbern.

Drei Frauen mit schwarzen Kopftüchern knieten vor dem Seitenaltar. Da stand die Madonna mit dem Bambino Jesu. Ein paar Kerzen brannten davor.

Antonio kniete auf der hintersten Bank nieder, gleich neben dem Opferstock.

Wenn er mit der Mutter in der Kirche war, gab sie ihm manchmal eine Münze, die er in den Schlitz des Opferkastens werfen mußte, eine winzigkleine Münze. »Für das Bambino Jesu«, sagte sie dann, und Antonio dachte: es ist so wenig, daß man kaum ein Zitronenbonbon dafür bekommt ... was kann das Bambino Jesu damit anfangen?

Die Frauen am Seitenaltar murmelten Gebete. Sie sahen alle drei gleich aus in ihren dunklen Tüchern. Die Madonna trug ein himmelblaues Kleid mit goldenen Sternen.

»Madonna«, sagte Antonio, »könnten wir nicht wenigstens an Weihnachten mal ein Stück Schinken haben?«

Da flog die Tür auf, und ein neuer Windstoß jagte durch die Kirche. An Antonio vorbei ging der Padrone. Er hielt eine lange weiße Kerze in der Hand.

Am Altar vor der Madonna zündete er sie an, ließ Wachs auf die Marmorplatte träufeln und befestigte seine Kerze dann in dem weichen Wachs.

Antonio beobachtete ganz genau, was der Padrone tat. Vielleicht machte er irgend etwas besser, der Madonna wohlgefälliger als die andern Leute im Dorf. Der Padrone bekreuzigte sich und kniete nieder. Antonio ließ ihn nicht aus den Augen, aber er konnte nichts Besonderes entdecken.

Lange hielt sich der Padrone nicht auf. Beim Hinausgehen griff er in die Tasche, und Antonio sah, wie er mit einer flüchtigen Handbewegung etwas auf den Opferstock warf ... einen Geldschein. Der Schein fiel aber nicht in die Öffnung hinein, sondern glitt seitlich am Kasten ab.

Da lag er vor Antonios Augen neben der Kirchenbank. Antonio blickte starr danach und rührte sich nicht.

Die auf- und zuschwingende Tür trieb wieder scharfe Winterluft herein. Der Geldschein wehte noch ein Stückchen dichter heran. Er lag jetzt so nah, daß Antonio nur die Hand danach auszustrecken brauchte.

Antonio bückte sich danach, richtete sich aber gleich wieder auf und sah hinüber zur Madonna.

»Darf ich?« fragte er leise.

Die Madonna gab keine Antwort.

Ich werde bis drei zählen, dachte Antonio. Wenn sie den Kopf schüttelt, darf ich nicht.

Antonio zählte und beobachtete die Madonna: Sie schüttelte den Kopf nicht.

Da hob Antonio den Geldschein behutsam auf und ging auf Zehenspitzen davon.

Bei der Gemischtwarenhändlerin legte Antonio das Geld auf den Tisch. »Dafür möchte ich Schinken und eine Wachskerze«, sagte er.

Die Signora wog den saftigen, rosaroten Schinken ab, wickelte ihn in Pergament und steckte ihn in eine Tüte aus dickem braunem Papier.

»Die Kerze nehme ich gleich so«, sagte Antonio.

Bevor er den Weihnachtsschinken nach Hause trug, rannte er schnell noch einmal in die Kirche zur Madonna.

Die drei Frauen waren fortgegangen; die Kirche war leer.

Antonio klemmte das Schinkenpäckchen unter den Arm und trat vor den Altar. Er zündete seine Kerze an, träufelte ein paar dicke Wachstropfen auf die Marmorplatte und stellte die Kerze darauf – genau wie kurz zuvor der Padrone.

»Die Kerze ist für dich«, sagte Antonio zur Madonna. »Für den Schinken. ... Und wenn du es einrichten kannst, daß der Padrone nochmal danebenwirft, bringe ich dem Bambino Jesu auch eine.«

Und Antonio dachte, als er nach Hause lief: Jetzt weiß die Madonna, daß ich ihr auch Kerzen bringen kann wie der Padrone. Nur – ohne Geld geht es nicht.

Die Ruppriche

Als mein Bruder und ich klein waren, fürchteten wir uns immer vor dem Weihnachtsabend. Daran waren die Ruppriche schuld, die zu Weihnachten in der Dämmerung durch unser Dorf im Erzgebirge zogen.

Die Ruppriche waren unheimliche Gesellen in dunklen Kutten mit großen Säcken und rasselnden Ketten. Sie erschienen zu viert oder zu fünft und fegten durch die Straßen wie das wilde Heer mit Poltern und Getöse. In alle Häuser drangen sie ein, in denen Kinder wohnten.

Ich habe lange geglaubt, sie seien Unholde aus einer gefährlichen Welt irgendwo tief in den Felsen.

Wenn sie in unser Wohnzimmer stapften und ihre Ketten schüttelten, standen mein Bruder und ich gelähmt vor Schrecken. Wir wagten nicht aufzublicken. Wir wollten ihre Fratzengesichter nicht sehen.

Dann befahlen die Ruppriche: »Betet, Bürschlein, betet! Sonst kommt ihr in den Sack!«

Mein Bruder war ein Jahr älter; er machte es besser als ich. Er betete laut genug, damit uns die Ruppriche nicht in den Sack steckten.

Sie ließen uns lange beten. Hinterher tobten sie noch eine Weile in der Stube herum und suchten mit ihren Stöcken in allen Ecken, ob sich auch niemand verborgen hatte.

Schließlich warf einer seinen Sack auf den Boden. Er leerte ihn so ungestüm aus, daß die Äpfel, Nüsse und Pfefferkuchen bis in den hintersten Winkel rollten.

Erst als die finsteren Kerle aus dem Haus waren, fing für uns Weihnachten an.

So ging es Jahr um Jahr. Die Furcht vor den Rupprichen verdüsterte unsere Freude.

Aber dann kam ein Weihnachtsabend, an dem alles ganz anders verlief als sonst.

Mein Bruder und ich standen am Fenster. Es war die Zeit, in der die Ruppriche kommen mußten. Wir starrten auf die dunkle Straße und lauschten auf jedes Geräusch.

Plötzlich sagte mein Bruder: »Ich halt's nicht mehr aus. Ich hau ab.« Und ich sagte: »Dann hau ich auch ab.«

Wir stülpten unsere Wollmützen auf und schlichen die Treppe hinab. Auf der Straße hörten wir die Ruppriche rumpeln. Sie waren schon ganz nah.

Wir sprangen hinter einen Zaun und kauerten uns in den Schnee. Durch die Zaunlatten konnten wir beobachten, wie die dunklen Gestalten ins Haus vom Brenner Muckel stürmten.

»Bleib still hocken«, flüsterte mein Bruder. »Hier suchen sie uns nicht.«

Ich dachte: Jetzt treiben sie's ganz schlimm mit dem Brenner Muckel, und ich war froh, daß ich hinter dem Zaun hockte.

Nach einer Weile ging die Tür beim Brenner Muckel wieder auf. Fünf Ruppriche polterten heraus. Und da – da geschah es: Der letzte rutschte auf der verschneiten Haustreppe aus. Er schwankte, stolperte die Stufen hinab und setzte sich mit dem Hintern in den Schnee.

Dann begann er zu fluchen. »Verdammte Trepp'!« schrie er, »Elendsverdammte Hundstrepp'! Is denn kein Sand zum Streu'n da?«

Die andern Ruppriche drehten sich nach ihm um und riefen: »Steh auf und halt's Maul, besoffener Lappsack!«

»Was wollt denn ihr?« schimpfte er zurück. »Ihr Stinkstiefel, ihr dreckigen Stinkstiefel!«

Mein Bruder und ich lauschten starr vor Staunen. – Wir kannten diese Stimme, und wir kannten diese Flüche. Es gab keinen Zweifel: der Rupprich im Schnee war unser Milchfahrer! Und wer die übrigen waren, konnten wir uns auch denken.

»Mensch!« flüsterte mein Bruder. »Der Rupprich is' auf'n Arsch gefall'n.«

Ich nickte stumm.

»Mensch!« sagte mein Bruder wieder. »Die Ruppriche sin' nich' echt.«

Ich seufzte vor Erleichterung. Mein Bruder legte mir seinen Arm um die Schulter, und wir warteten noch eine Weile zusammengekauert in unserm Versteck.

Die fünf Ruppriche gingen dicht an uns vorbei. Wir sahen ihre unheimlichen Masken und hörten die Ketten klirren. Aber das machte uns jetzt nichts mehr aus.

Als sie im Nachbarhaus verschwunden waren, sprangen wir über den Zaun und rannten heim.

Bald darauf kamen die Ruppriche dann zu uns. Sie taten wieder recht furchterregend und brüllten: »Betet, Bürschlein, betet!«

Da sagte mein Bruder: »Ich will nich'.« Und ich sagte auch: »Ich will nich'.«

Die Eltern guckten uns verdutzt an. »Was ist denn in die Kinder gefahren?« rief meine Mutter.

Wir stellten uns nebeneinander, steckten die Hände in die Hosentaschen und zogen die Schultern hoch.

»Für die da«, sagte mein Bruder und deutete

mit dem Kopf nach den Rupprichen, »beten wir nich'.«

»Hohoho!« riefen die Ruppriche, »ihr werdet's schon lernen!«

Einer machte seinen großen leeren Sack auf, die andern kamen auf uns zu, als wollten sie uns ergreifen.

Mein Bruder warf den Kopf zurück. »Ihr seid ja Lappsäcke! Lappsäcke seid ihr!«

»Und Stinkstiefel«, half ich dazu.

Und dann brüllten wir aus Leibeskräften: »Lappsäcke – Stinkstiefel – Lappsäcke – Stinkstiefel – Lappsäcke – Stinkstiefel!«

Zum Schluß warf sich mein Bruder auf den Boden und schrie: »Aua! Verdammte Trepp'! Is denn kein Sand zum Streu'n da?« Und ich sagte zu ihm: »Du besoffener Lappsack!«

Unsere Eltern begriffen nichts von dem, was vorging. Aber die Ruppriche merkten natürlich, daß wir sie durchschaut hatten. Es machte ihnen keinen Spaß mehr, uns zu erschrecken. Sie packten ihre Säcke und beeilten sich, weiterzukommen. »Nu denn, bis zum nächsten Jahr«, brummten sie.

Von da an haben wir uns nie mehr vor den Rupprichen gefürchtet, mein Bruder und ich.

Der Weihnachtseinkauf

Da war ein Mann, der seine Frau sehr liebte. Als Weihnachten vor der Tür stand, ging er in die Stadt, um ein Geschenk für sie zu kaufen.

Er wollte nicht fragen: was wünscht du dir? Es sollte eine Überraschung sein. Aber er wußte nicht, was er kaufen sollte.

Deshalb ging er zuerst in ein Warenhaus. Er dachte: da gibt es alles. Ich werde mich umsehen, was andere Frauen kaufen.

Gleich hinter der Eingangstür war ein Tisch mit Pullovern. Ein Schild schaukelte darüber

UNSER WEIHNACHTSSCHLAGER!
SPOTTBILLIG!

Da kauften die Frauen wie wild.

Sie zogen und zerrten und grapschten und rissen und wühlten und fischten in dem Pulloverberg nach dem schönsten und dem spottbilligsten.

Der Mann sah sich weiter um. An einem andern Tisch gab es Perücken. Dort saßen die Frauen vor Spiegeln und stülpten die falschen Haare auf ihre Köpfe. Blonde Haare, braune Haare, rote Haare, schwarze Haare, gescheckte Haare, kurze Haare, Ponys und lange Strähnenhaare.

stand auf einem Schild. Und die Frauen probierten eine Perücke nach der andern und wechselten ihren Typ.

Der Mann dachte: Ich will mich lieber nicht danach richten, was andere kaufen.

In der nächsten Abteilung fragte er die Verkäuferin: »Was gibt es hier bei Ihnen?«

Die Verkäuferin: Nachthemden.

Der Mann: Ich möchte vielleicht ein Nachthemd für meine Frau.

Die Verkäuferin: Welche Größe?

Der Mann: So ungefähr wie Sie.

Die Verkäuferin: Also Größe 42. – Und welche Qualität?

Der Mann: Was gibt es denn so?

Die Verkäuferin: Perlon, Nylon, Baumwolle, Rayon, Flanell, deutschen Batist, schweizer Batist, Mischgewebe oder reine Seide.

Der Mann kannte sich in Stoffen nicht aus. »Lieber nicht«, sagte er. »Ich will nichts Falsches kaufen.«

Mit der Rolltreppe fuhr er durch vier Stockwerke. Einen Teppich? Einen neuen Kühlschrank? Einen andern Fernseher?

Der Mann dachte: Wozu? Unsere Sachen sind noch sehr gut. Und er verließ das Warenhaus.

Die Auslage eines Juweliergeschäfts zog ihn an.

Das wäre was, dachte er.

»Was darf es sein?« fragte der Juwelier. »Ein Ring, eine Halskette, eine Armbanduhr?«

Der Mann:	Vielleicht eine Armbanduhr.
Der Juwelier:	Soll es etwas Modisches in Silber sein? Oder etwas Wertbeständiges in Gold, Weißgold oder Platin?
Der Mann:	Vielleicht Gold.
Der Juwelier:	Mit Brillanten?
Der Mann:	Vielleicht ohne.
Der Juwelier:	Und welche Form, bitte? Rund? Eckig? Oder die hochaktuelle ovale Form?
Der Mann:	Sie sind alle sehr schön.
Der Juwelier:	Ziehen Sie ein weißes Zifferblatt vor oder ein schwarzes? Es gibt auch farbige. Wobei ich allerdings bemerken möchte: damit ist die Frau Gemahlin mehr gebunden. Bei einem farbigen Zifferblatt kommt man nicht ohne Zweituhr aus.

Als er »Zweituhr« hörte, verließ der Mann den Juwelierladen.

Aus einem Feinkostgeschäft kam ihm der Duft von feinen Gewürzen und gebratenem Fleisch in die Nase.

Das ist es! dachte er. Ich werde meiner Frau ein paar Delikatessen mitbringen. Dann braucht sie nicht zu kochen und hat Feiertag. Der Mann war froh, daß ihm so etwas Vernünftiges eingefallen war.

Hinter dem Glas der Theke lagen schön angerichtet Lachs, Kaviar, Krebsschwänze, Putenbrust, Pasteten, Artischockenherzen. Davor standen die Leute dicht gedrängt in fünf Reihen.

Was für gierige Augen sie machen! dachte der Mann. Sie verschlingen alles. Sie haben Angst, daß ein anderer zuvorkommt.

Und die Lust auf Delikatessen war ihm vergangen.

Er überquerte den Platz mit dem Fischbrunnen und ging in ein Kaffeehaus, denn er brauchte eine Stärkung.

Im Kaffeehaus herrschte Hochbetrieb. Nur an einem kleinen Seitentisch war noch ein Stuhl frei.

»Gestatten Sie?« fragte er die Dame, die schon an dem Tisch saß.

Die Dame blickte auf. Es war Alice, seine eigene Frau. »Hallo, du bist in der Stadt!« sagte der Mann, und er freute sich.

Alice:	So ein Zufall!
Der Mann:	Ein glücklicher Zufall. Ich bin nämlich in Not.
Alice:	Weshalb?
Der Mann:	Ich will es lieber nicht sagen.
Alice:	Ich weiß es auch so.
Der Mann:	Ich wäre jetzt nach Hause gefahren – ohne Weihnachtsgeschenk. Jetzt können wir zusammen gehen.
Alice:	Der Trubel wird nicht besser, wenn man zu zweit ist.
Der Mann:	Aber dann habe ich ja nichts für dich.
Alice:	Gar nichts?
Der Mann:	Nein. Ich kann doch nicht einfach...
Alice:	Was?
Der Mann:	Ich kann doch nicht einfach den Christbaum anzünden und sagen: Alice, ich hab dich lieb.

Da lachte ihn Alice an und sagte:

»Das ist doch mal was anderes, und außerdem... ist das so wenig?«

Die Zeitung

Aus Weihnachtsausgaben der Jahrhundertwende

Geldverkehr

Weihnachtsbitte.

Welch' edeldenkende Persönlichkeit vertraut unter Diskretion e. unglückl. Frau ein Darlehen von 300 ℳ an bei monatl. Rückzahl., Zins u. event. Bürgschaft. Offerten u. L 45 beförd. die Expedition.

Herzliche Weihnachtsbitte!

Welch' gefühlvolles Menschenherz leiht einer sehr bedrängten Wittwe 25 ℳ um derselben aus groß. Noth zu helfen, gegen Sicherheit und Zins? Briefe unter N 2 befördert die Expedition.*

Sehr bedrängtes Fräulein bittet herzlich um ein kleines Darlehen gegen Rückzahlung. Briefe unt. N 5 befördert die Exped. *

Weihnachten.

Hohe Zeit des Heimgefühls, erquickenden Glanzes und Abglanzes sonnigster Kinderfreude, seligen Zurückträumens in verschollene Jugendtage, edler Regungen in der Menschenbrust — Millionen Herzen grüßen dich, erhoben über Mühsal und Sorge durch den weich flutenden Klang der Glocken!

Tanz-Institut Dinzl

Amalienstraße 46/0.

Donnerstag, den 25. Dezember

Weihnachtsfeier

m. Konzert u. Familien-Unterhaltung

Anfang 4 Uhr.

(Der Lehrkurs fällt an diesem Tage aus

Gg. Dinzl.

---

* **Weihnachten der Arbeitslosen.** Ein langer Zug von Arbeitslosen bewegte sich heute früh zur Kohlen-Insel nach dem städtischen Arbeitsamt, um dort die Wohltat der städtischen Arbeitslosenfürsorge in Empfang zu nehmen. Lange vor 9 Uhr harrten viele Arbeitslose vor dem Tore, und als dieses geöffnet wurde, waren die meisten, die in ihrer leichten Kleidung ohne wärmenden Mantel im Freien warteten, froh, eine durchwärmte Stube zu finden. Das Geschäft der Auszahlung der Unterstützung wurde sofort um 9 Uhr begonnen, was bei der Zahl der um Unterstützung Nachsuchenden einige Stunden dauerte. Mit freudigen Gesichtern verließen die mit der Unterstützung Bedachten das Arbeitsamt, freudig darüber, wenigstens über die Feiertage mit dem Notwendigsten für sich und ihre Familien versehen zu sein. Doch es gab auch genug Enttäuschte. Sie mußten mit leeren Taschen das Arbeitsamt verlassen, weil sie es versäumt hatten, sich im Laufe des gestrigen Tages für die Unterstützung vormerken zu lassen.

Zu Weihnachts-Geschenken

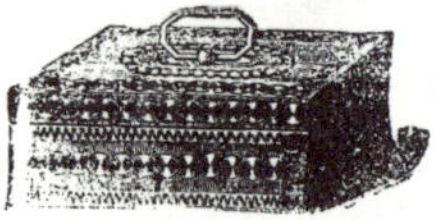

eiserne diebessichere

Cassetten

hochfeine

Schmuck-Cassetten

mit Atlasfütterung.

Franz Leicher, Cassenfabrik,

München, Löwengrube 7 u. 8. 856

Weihnachts-Geschenke:

Apparate für Brennspiritus-Verwendung.

Puppen-Klinik

Rammler's Nachf.

Rosenthal, Schulhaus

Laden Nr. 8 u. 9.

Grösste Auswahl in **Kugelgelenk- u. Leder-Puppen** etc. in allen Grössen bei besonders reduzirten Preisen.

(1150

Kinder-Velozipedes

Sigm. Koch,
Eisenmannstraße 3 Ecke
Altheimereck. (p703

Puppen-Perrücken

aus echten Haaren zum Selbstfri. sehr dauerhaft und kleidsam werden angefertigt.

Max Füssel,
Friseur,
Rosenstr. 6
neben der Apotheke.
(p154

Das schönste Weihnachts-Geschenk ist ein

Grammophon

Grammophone, Platten, Nadeln kaufen Sie vortheilhaft bei
Nahr, Maistraße 1.

Christbaum-Untersatz

mit Musik u. Mechanik

24 Mk. bei

J. B. Westermair,

Reichenbachstraße 1a
(am Markt)

Für Weihnachten.

Bitte genau auf meine Firma zu achten!

Bitte genau auf meine Firma zu achten!

Neueste verbesserte Universal-
Tret-Nähmaschine 42 Mk.

Städtische Angelegenheiten.

München, den 24 Dezember

Friede auf Erden!

So tönt es aus den vollen, feierlichen Klängen, die in der Dämmerstunde von dem Thurme hallen, um überall, wo das Christenthum Verbreitung gefunden, den Geburtstag des Welterlösers mit eherner Zunge zu verkünden.

Doch nur e i n e deutsche Weihnacht gibt es. Kein anderes Volk hat, wie wir, diesen Tag mit einem märchenhaften, geheimnißvollen Zauber umwoben, wie der tief und gemüthvoll veranlagte Deutsche, der, ob Mann, ob Greis, am Christabend gern zum Kinde wendend, der weichen Stimmung, der er vielleicht sonst nie die Herrschaft über sein Innerstes erlaubt, Raum läßt.

Die Zeitung

Aus Weihnachtsausgaben von heute

Viel verstecktes Gift im Weihnachtsbraten

Mit dem Fleisch essen Sie Antibiotika und Chemikalien

Kein Friede auf Erden

Nach Frieden auf Erden sieht's an diesem letzten Wochenende vor Weihnachten genausowenig aus wie all die Jahre zuvor. In den Städten drängen sich die Menschen, um in hektischem Gerenne letzte Einkäufe zu erledigen. Die Verkehrsadern sind von Blechlawinen verstopft. Jedermann weiß, daß bis zum Heiligen Abend noch Hunderte von Menschen auf den Straßen sterben werden . . .

Astronauten feiern auch

tz Houston

Einen Weihnachtsbaum haben sich die drei Skylab-Astronauten in ihrer Weltraumstation aufgestellt. Kommandant Gerald Carr funkte zur Bodenkontrollstelle in Houston (Vereinigte Staaten): „Wir müssen unseren Baum noch schmücken, aber wir haben ihn schon fertiggestellt." Aus welchem Material die Raumfahrer den Weihnachtsschmuck gebastelt haben, wollten sie nicht verraten. An Bord von Skylab gibt es jedenfalls keine Tannenzweige. . .

DIE WEIHNACHTSZEIT *hat gerade erst begonnen, aber in den Schokoladefabriken stehen die Osterhasen schon Schlange. — In 4½ Monaten ist Ostern!*

Advents-Tips

Adventskränze nadeln nicht, wenn man sie aus alten Autoreifen, Leim und grünen Papierfransen verfertigt.

Blockflöten klingen reiner, wenn man vor dem Musizieren die möglicherweise im Inneren befindlichen Holzwürmer ausräuchert.

Selbstklebender Lebkuchen hat den Vorteil, daß er beim Verzehr nicht so leicht vom Teller rutscht.

Tips für ein „verdorbenes Fest"

Bonn (AP)

Fünf „ironische Tips" hat Bundesgesundheitsministerin Katharina Focke für all jene verfaßt, die sich die Feiertage gründlich verderben wollen. Nach einer Veröffentlichung ihres Ministeriums rät die Ministerin:

1. Essen Sie, bis Sie platzen, vor allem möglichst fettreich.
2. Stopfen Sie Ihre Kinder ohne Unterbrechung mit Süßigkeiten voll.
3. Nötigen Sie alle Familienmitglieder unablässig zu ständigem und reichlichem Alkoholgenuß.
4. Rauchen Sie, was das Zeug hält.
5. Meiden Sie während der Feiertage jede überflüssige Bewegung, vor allem in frischer Luft.

Nikolaus zog die Pistole und holte 300 000 Mark aus dem Tresor

Am Seil vom 7. Stockwerk geflohen Angestellte im Kassenraum starr

Von RAINER MÜLLER tz München

Er kam wie tausend andere Nikoläuse an diesem Abend. Aber er brachte keine Geschenke, sondern kassierte: 300 000 Mark. Jetzt jagt Münchens Polizei einen Nikolaus, der auch noch ein Klettermaxe sein muß, denn nachdem er das Super-Ding im Kaufhof am Stachus gedreht hatte, ließ er sich mit einem Seil vom 7. Stockwerk des Gebäudes herunter auf ein Nachbardach, verschwand, und ward seither nicht mehr gesehen.

Seit einer guten halben Stunde waren am Samstag die Eingangstüren des Kauf- gestellte mit dem Kassenleiter das Geld zählten und im Tresor verstauten.

die Geldbündel in den Kunststofftaschen einzupacken.

Die sechs Geldzähler und der Kassenleiter dachten an einen Spaß, erst als der Maskierte schon etwa 30 Geldbündel kassiert hatte, sagte schließlich einer zu dem Nikolaus: Lassen Sie doch diese dummen Scherze.

Der Nikolaus richtete seine Pistole auf die Kassenangestellten und sagte: Dies ist kein Spaß, das ist Ernst. Die Geldzähler erstarrten, als sie jetzt endlich merkten, daß

Knecht Ruprecht ist schon ausgebucht

Hochbetrieb beim Nikolaus-Dienst

„Wir sind froh, wenn die beiden Tage vorbei sind", meint Rupert Wildbihler vom Studentenschnelldienst. Noch gestern vormittag läutete dort fast pausenlos das Telephon, in letzter Minute versuchten viele Eltern, einen Nikolaus für ihre Sprößlinge zu bekommen. Insgesamt 55 „Nikoläuse" hat der Studentenschnelldienst zur Verfügung, meist bereits erprobte Studenten, die schon seit drei oder vier Jahren am 5. und 6. Dezember in den Bischofsmantel schlüpfen. Nur noch „ganz vereinzelt" in einigen Stadtteilen konnte man gestern vormittag für 15 Mark einen Nikolaus anwerben, wer seinen Kindern Nikolaus samt Knecht Rupprecht präsentieren wollte — Kostenpunkt 25 Mark —, hatte sich bereits vor acht Tagen anmelden müssen.

Vom Hund entlarvt

Oft müssen sich die Nikoläuse auf Zeit nicht nur auf Sonderwünsche der Eltern, sondern auch auf Überraschungen gefaßt machen. Einer etwa wurde im vergangenen Jahr nicht nur von den Eltern und den ängstlich schauenden Kindern empfangen, sondern auch vom Hund. Dem Hund war der Eindringling nicht geheuer, er sprang ihn an, riß ihm mit einem Ruck den Bart vom Gesicht und entlarvte ihn als Fälschung.

Das waren blutige Feiertage: 30 Tote auf Bayerns Straßen

Autobahn Salzburg: 102 Wagen kollidierten

Energiesparender Weihnachtsbaum

New York (AP)

Mit der traditionellen Zeremonie, aber weniger Beleuchtung, ist im New Yorker Rockefeller-Center ein 20 Meter hoher Weihnachtsbaum entzündet worden. Zur Illuminierung wurden angesichts der Energieknappheit in diesem Jahr jedoch rund zwei Drittel der elektrischen Kerzen eingespart. Zwischen den 5000 Sieben-Watt-Glühbirnen wurden etwa 3000 Plastikscheiben gehängt, die das Licht widerspiegeln und so optisch den Lichterglanz vergrößern sollen.

tz **München**

Erst eins — dann zwei — dann drei — dann vier — dann steht die Feuerwehr vor der Tür. Etwa hundertmal mußten vergangene Weihnachten die bayerischen Brandlöscher ausrücken, um in Brand geratene Christbäume zu löschen. Der Sachschaden — verursacht durch Unachtsamkeit — ging in die Millionen.

Schad — da vorn hätt no was Platz g'habt . . .

SZ-Zeichnung: Hürlimann

Weihnachtsurlaub in

Davos

Pauschal-Angebote:
7 Tage Hotel (Halbpension), 6 Tage Bergbahnen, 6 Tage Skischulunterricht ab Fr. 465,–

tz Zum Tage

Singt bei Ihnen auch Freddy unterm Christbaum? Vielleicht lassen Sie diesmal auch Udo Jürgens für die nötige Rührung sorgen – oder gehören Sie gar zu den altmodischen Menschen, die das Singen noch selbst besorgen?

Nur die Hälfte der deutschen Familien, so ergab eine Umfrage, versucht sich noch selbst an Weihnachtsliedern. Die anderen untermalen die Bescherung mit Musik aus dem Fernseher oder vom Plattenspieler. Hauptgrund dafür: „Bei uns kann keiner mehr die Texte."

WAS KINDER AN WEIHNACHTEN STÖRT:

(nach einer Umfrage)

- *daß Weihnachten nur ein Geschäft ist*
- *daß die Eltern nicht an den Sinn des Festes denken*
- *daß man langweilige Gedichte aufsagen muß*
- *daß man vor dem Weihnachtsbaum singen und beten soll*
- *daß die Weihnachtsmusik schon vorher wochenlang dudelt*
- *daß keine Feststimmung aufkommt*
- *daß das Essen so lang dauert*
- *daß sogar im Warenhaus Christbäume stehen*
- *daß vieles so kitschig ist*

Sachgeschichten für die Älteren

Wenn jemand fragt:

Warum kommt der Nikolaus?
Warum stellt ihr einen Christbaum auf?
Warum backt ihr Weihnachtsplätzchen?
Warum schießt ihr an Silvester Feuerwerk in die Luft?

dann sagen die meisten:
Das ist halt so!

Und niemand weiß richtig,
woher die Weihnachtsbräuche
kommen.
Deshalb wird hier einiges
darüber erzählt.

Vom Ursprung des Weihnachtsfestes

Den genauen Geburtstag von Jesus Christus kennen wir nicht. Was uns von ihm überliefert ist, wurde erst viele Jahrzehnte nach seinem Tod aufgeschrieben. Bis dahin hat man sich nur mündlich von ihm erzählt, und seine Lehre war den Menschen wichtiger als sein Geburtsdatum.

Die ersten Christen kannten überhaupt noch keine Geburtsfeste. Sie feierten nur die Todestage ihrer Heiligen, die für den Glauben gestorben waren. Die römischen Kaiser hingegen veranstalteten zu ihren eigenen Geburtstagen prunkvolle Feste. Das betrachteten die Christen mit Verachtung. Nach ihrer Ansicht war die Geburt unbedeutend. Erst der Verlauf eines Lebens zählte.

So kam es, daß die junge christliche Kirche in den ersten beiden Jahrhunderten nur das Osterfest feierte, also den Tod und die Auferstehung von Jesus Christus.

Im zweiten Jahrhundert begann man aber doch, nach dem Zeitpunkt von Christi Geburt zu fragen. Weil man kein genaues Datum fand, einigte man sich darauf, das Geburts- und Tauffest zusammen auf den 6. Januar zu legen (Epiphaniastag = Tag der Erscheinung des Herrn). Das blieb etwa zweihundert Jahre so.

Dann aber wurde das Geburtsfest von der Römischen Kirche auf den 25. Dezember verlegt. Warum?

Dazu muß man die Zeit betrachten, in der Jesus gelebt hat. Man muß sich klarmachen, was es bedeutet, wenn eine neue Religion entsteht.

Dort, wo sich das Christentum ausbreiten wollte, gab es schon seit Jahrhunderten andere Religionen. Die Menschen waren an die festgesetzten Feiertage zu Ehren ihrer Götter gewöhnt.

Besonders das Fest der Wintersonnenwende zwischen dem 22. und 25. Dezember war uralt und weitverbreitet.

Wintersonnenwende ist die Wende von den langen dunklen Nächten zu den wieder heller und wärmer werdenden Tagen. Man glaubte, daß der Sonnengott im Winter schliefe und mit ihm die ganze Natur. Damit es Frühling werden konnte, mußte der Sonnengott aufgeweckt werden. Das geschah durch Abbrennen von Feuern, durch Lärmen und durch Schläge auf die Erde mit Stöcken und grünen Zweigen.

Sonnengötter, die um diese Zeit verehrt wurden, finden wir:

bei den Römern. Sie feierten am 25. Dezember das Fest der unbesiegbaren Sonne.

bei den Persern. Sie verehrten den Sonnengott Mithras in Felsgrotten und unterirdischen Kapellen. Seine Geburtsnacht war der 24. zum 25. Dezember. Man nimmt sogar an, daß die Geburtsstätte von Jesus Christus in Bethlehem früher ein Mithras-Heiligtum gewesen ist.

bei den Syrern. Ihr Sonnengott hieß Adonis. Seine Auferweckung wurde am 25. Dezember gefeiert.

bei den Ägyptern. Dort glaubte man an eine Geburt der Sonnengötter Osiris und Horus zur Zeit des neu beginnenden Sonnenlaufs.

bei den Germanen. In der Mittwinterzeit wurde das Fest für den Sonnengott Freyr und seine Gattin Freya gefeiert.

Es handelt sich also überall um Götterkulte zur neuen Geburt der Sonne, dem Wiedererwachen der Natur nach dem Winter.

Das Christentum hatte es zu Anfang schwer, sich gegen die verschiedenen Religionen durchzusetzen. Was konnte es tun? Die Menschen überzeugen! Doch das gelang nicht immer. Sie wollten sich vor allem ihre altgewohnten Feiertage nicht nehmen lassen.

Geburt Christi, Wandgemälde um 1320

Im Römischen Reich zum Beispiel wurden prächtige religiöse Feste abgehalten. Da gab es zur Feier der unbesiegbaren Sonne am 25. Dezember große Freudenfeuer und Wagenrennen im Zirkus. Es gab zum Saturnfest Eßgelage mit Spielen und den Tonpuppenmarkt, wo man Puppen und Kerzen kaufen konnte. Sogar die Christen wurden von diesen Veranstaltungen angelockt.

Und auch der Mithras-Kult mit seinen geheimnisvollen Feiern in Grotten und unterirdischen Räumen übte eine große Anziehungskraft aus.

Um diese Götterkulte auszuschalten, entschloß sich die Katholische Kirche, das alte Sonnwendfest zu übernehmen und christlich umzuwandeln.

So wurde die Feier der Sonnengeburt am 25. Dezember zum Geburtstag von Jesus Christus. Er wurde an die Stelle der alten Sonnengötter gesetzt. Man nannte ihn »Sonne der Gerechtigkeit«.

Geisterspuk in der Mittwinterzeit

Viele Weihnachtsbräuche haben ihre Wurzeln in vorchristlicher Zeit und altem Geisterglauben. Wir haben davon bis auf den heutigen Tag manches bewahrt, obwohl wir den ursprünglichen Sinn nicht mehr kennen.

Wir würden bestimmt darüber lachen, wenn jemand im Ernst sagte, daß man an Weihnachten viel essen müsse, weil man dann im ganzen folgenden Jahr vor Hunger bewahrt bliebe. Oder daß das Großreinemachen vor den Feiertagen böse Geister aus dem Haus fege. Und doch war das der eigentliche Sinn des üppigen Essens und des Saubermachens zur Weihnachtszeit.

Wir können uns die Geisterfurcht überhaupt nicht vorstellen, in der die Menschen früher gelebt haben. Sie glaubten, daß vor allem die langen Nächte zur Mittwinterzeit mit Spuk erfüllt seien. Sie stellten sich ein Heer wilder Geister vor, das mit Sturmesbrausen durch die Lüfte jagte. Sie malten sich Schreckgestalten aus mit zottigem Pelz, mit langen Krallen, glühenden Augen, Geiernasen, Höckern und Hörnern.

Um sich davor zu schützen, mußte man Gebete sprechen – oder auch Zaubermittel anwenden.

Man stellte zum Beispiel einen Besen mit den Borsten nach oben vor die Haustür.

Man legte zwei Messer kreuzweise in den Stall, damit die Tiere nicht verhext würden.

Man aß Speisen, die aus sieben oder neun Zutaten bestehen mußten, weil 7 und 9 Glückszahlen waren.

Von den Speisen wurde auch etwas für die Geister bereitgelegt, um sie günstig zu stimmen. Außerdem durfte man in der Weihnachtszeit weder spinnen noch waschen, um ihre Aufmerksamkeit nicht zu erregen.

Als besonders wirksamer Abwehrzauber galten:

Ausräuchern,
Lärmschlagen,
Lichter anzünden,
immergrüne Pflanzen aufstellen.

RAUCH: Geweihte Kräuter oder Wacholderbeeren wurden zum Geistervertreiben verbrannt. In katholischen Gegenden hat sich das Räuchern bis heute erhalten. Vor allem auf dem Land geht man am Dreikönigstag mit Weihrauch durch Häuser und Ställe.

LÄRM: Mit Geschrei, Peitschenknallen, Schießen, Schellengeklingel und Hörnerblasen machte man ein unheimliches Getöse. Unsere Silvesterknallerei ist nichts anderes als eine moderne Fortsetzung dieses alten Brauchs.

LICHT: Es ist klar, daß sich Gespenster im Hellen nicht aufhalten konnten. Vor allem in den dunklen Winternächten wurden deshalb Kerzen und Fackeln aufgestellt. Später wurden daraus die christlichen »Heiligabendlichter«.

IMMERGRÜN: Die grüne Pflanze bedeutete Leben. Und Leben setzt sich trotz aller Gefahren immer wieder durch. Immergrüne Gewächse finden wir in der Weihnachtszeit auch heute noch; wir brauchen nur an unseren Tannenbaum und den Adventskranz zu denken.

Einige dieser Beschwörungsformen haben aber noch eine zweite Bedeutung, die vielleicht noch älter ist als der Geisterglaube: Mit Lärmschlagen, Licht und Grünpflanzen wollte man die Naturgötter zur Zeit der Wintersonnenwende aufwekken. Genau wie es schon vom Sonnengott erzählt wurde (S. 91).

Vor etwa fünfzig Jahren waren noch viele alte Bräuche lebendig. Jetzt ist nur wenig von ihnen übriggeblieben, vorwiegend auf dem Land.

Eines hat sich aber überall in Deutschland und

bei vielen andern Völkern erhalten: die Weihnachtsbäckerei. Diese Sitte geht ebenfalls auf alte Gebräuche zurück.

Früher hat man Opferbrote gebacken für die Götter oder die Naturgewalten. Diese Brote wurden in den Wind gehängt, ins Feuer gelegt oder ins Wasser geworfen, um Unheil abzuwenden.

In christlicher Zeit wurden die Opferbrote dann zu Weihnachtsbroten. Unser Christstollen wird bis auf den heutigen Tag in Brotform gebacken.

Außer solchen Broten wurden den Göttern von jeher Früchte und Tiere geopfert. Es gab Zeiten, in denen die Menschen aber auch Backwerk in Tiergestalt anfertigten und den Göttern darbrachten. Auf diese Weise konnten sie ihre wertvollen Tiere behalten, und die Götter waren auch mit den Tiergebilden zufrieden!

Tierbilder haben sich in der Bäckerei über Jahrhunderte erhalten. Und auch bei den Weihnachtsplätzchen finden wir neben Sternen, Herzen und Engeln immer wieder Tierformen, die wahrscheinlich eine Erinnerung an die alten Opfertiere sind.

Vom Nikolaus und von wilden Gesellen

Den Nikolaus kennen wir in sehr verschiedenen Gestalten. Am 6. Dezember zieht er allein oder mit Gefolge durchs Land.

Häufig wird er als »heiliger« Nikolaus im Bischofsgewand dargestellt. Einen Bischof mit dem Namen Nikolaus hat es wirklich gegeben. Er lebte im 4. Jahrhundert in Myra,* und man erzählte viele Wundergeschichten über ihn.

Der Nikolaus ist Schutzpatron der Seefahrer und auch der Schüler. Daher kommt es, daß er oft als strenger Lehrer auftritt. Ehe er die Kinder beschenkt, liest er ihnen aus seinem Buch ihre Unarten vor, und sie müssen ihm etwas aufsagen.

Dann gibt es noch einen Nikolaus mit pelzbesetzter Zipfelmütze und rotem Mantel. Man nennt ihn auch Weihnachtsmann oder Knecht Rupprecht. Er kam in protestantischen Gegenden auf, weil man dort die Heiligen der katholischen Kirche nicht darstellen wollte.

Aber da ist noch eine andere Gestalt. Sie tritt in einem dunklen Lodenmantel auf, mit Schlapphut und zerzaustem Bart. Hier finden wir Züge

* Myra war eine Hafenstadt in Kleinasien; jetzt gehört sie zur Türkei.

Knecht Rupprecht (1784)

des alten Germanengottes Wodan, die sich in das Nikolausbild eingeschlichen haben.

In einem Kindervers erkennt man diese Verbindung von Wodan und Nikolaus ganz deutlich:

Wer kommt denn da geritten?
Der Wude, Wude Nikolaus.
Laß uns nicht lange bitten,
und schüttle deinen Beutel aus.

»Wude« ist nur eine andere Form von Wode – Wodan.

Der 6. Dezember, unser heutiger Nikolaustag, war in vorchristlicher Zeit ein Wodans-Fest.

Und was ist mit der Rute des Nikolaus? Sie ist natürlich zum Strafen da; aber in ihrer zweiten Bedeutung verbirgt sich wieder ein alter Zauber. Wenn man jemand mit der Rute schlug, dann hieß das: »die Lebenskräfte der Pflanze sollen in dich hineingehen!«

Außer dem eigentlichen Nikolaus, der oft auch zusammen mit dem Knecht Rupprecht auftritt, kennt man noch eine große Anzahl von Nikolaus-Begleitern. Das sind meistens unheimliche Kerle.

Pelzmärtel mit Schlapphut (um 1820)

Wenn man sich nur ihre Namen anhört, dann kann man sich schon allerlei vorstellen:

Krampus	Pelzmärtel	Hans Muff
Klaubauf	Spitzbartl	schwarz Käsperchen
Klompsack	Schmutzli	Rumpelklas.

In manchen Orten streifen noch heute ganze Scharen von Vermummten herum. Sie kommen in der Vorweihnachtszeit oder auch am Heiligen

Abend und jagen allen Angst ein. Man nennt sie:

die Kläuse	die Rollebuwe
die Ruppriche	die Buttenmänner.

Sie tragen Masken mit Teufelshörnern oder beschmieren ihre Gesichter mit Ruß.
Und Tiergestalten gibt es auch:

Pelzbock	Bullkater
Erbsbär	Dollochs.

In all diesen Unholden steckt etwas von den alten Naturgeistern und auch ein wenig vom Teufel. Deshalb führt der Nikolaus oft einen von ihnen an der Kette gefesselt mit sich. Da kann er keinen Schaden mehr anrichten.

Umzüge in ähnlicher Verkleidung veranstaltet man heute noch in Süddeutschland und Österreich. Es ist das Perchtenlaufen am 6. Januar mit Lärm und Kuhglockengerassel. Es gibt zwölf schiache (scheußliche) Perchten und zwölf schöne. Die Schiachen werden zum Schluß von den Schönen gefesselt und abgeführt als Zeichen des Sieges der guten Mächte über die bösen.

Wie der Christbaum entstanden ist

In früheren Zeiten galten Licht und immergrüne Pflanzen als zauberkräftig.

Wenn wir an unseren Christbaum denken, so sehen wir, daß Licht und Immergrün seine beiden wesentlichen Merkmale sind.

Schon lange bevor es den Christbaum gab, wurden an Weihnachten Lichter aufgestellt, die die ganze Nacht brennen mußten, um Geister abzuwehren. Auch das Vieh bekam sein Weihnachtslicht und geweihtes Fressen zum Schutz gegen Verhexung.

Außerdem nahm man grüne Zweige ins Haus, hauptsächlich von Tanne, Buchsbaum, Eibe, Stechpalme und Wacholder. Diesen Gewächsen wurden besondere Kräfte zugeschrieben.

In einem Vers aus dem 15. Jahrhundert heißt es:

Wer kein grün Tannreis steckt in sein Haus,
der meint, er lebt das Jahr nicht aus.

Die Zweige genügten den Leuten bald nicht mehr, und es kam auf, ganze Bäumchen ins Haus zu holen. Sie wurden in den Ecken oder unter der Zimmerdecke aufgehängt. Warum ausgerechnet

Weihnachtsabend, der Christbaum hängt an der Decke (1826)

Christbaum aus Holzlatten um 1830

dort? Auch das hat seine Bedeutung. Ecken und vor allem die Zimmerdecken schienen ein bevorzugter Ort böser Geister zu sein.

Zu Anfang waren diese Bäumchen aber noch ganz schlicht grün – bis man auf die Idee kam, sie zu schmücken.

Es gibt ein Reisetagebuch aus dem Jahr 1605, aus dem wir die erste Nachricht davon haben:

> Auf Weihnachten richtet man Dannbäum zu Straßburg in den Stuben auf, daran

Weihnachtsbescherung, geschmückte Zweige eines Laubbaums (um 1800)

hencket man Rosen aus vielfarbigem Papier geschnitten, Äpfel, Oblaten, Zischgold und Zucker.

Lichter hatten diese Bäume noch nicht, dafür aber viel süßes Zeug zum Naschen. Das durften die Kinder am Dreikönigstag abschütteln und den ganzen Baum plündern.

An einigen Orten war es üblich, anstelle der immergrünen Bäume große Äste von Laubbäumen zu schmücken. Weil diese Äste im Winter kahl

Weihnachtszimmer mit drei Christbäumen (19. Jahrh.)

sind, brachte man sie vorher im warmen Zimmer künstlich zum Blühen, ähnlich wie die Barbarazweige, die wir heute noch kennen.

Um das Jahr 1700 kamen dann die ersten kerzengeschmückten Bäume auf.

Solche Lichterbäume konnten sich aber nur wohlhabende Leute leisten. In manchen Häusern gab es davon sogar mehrere auf einmal – jeder bekam seinen eigenen Baum. Übrigens genau nach der Rangordnung: der Vater einen ganz großen, das Küchenmädchen den kleinsten!

Es dauerte aber noch lange, bis der Weihnachtsbaum überall in Deutschland verbreitet war. Zu allerletzt wurde er in Süddeutschland heimisch (erst um 1900). Dort stellte man zur Weihnachtszeit lieber die Krippen mit vielen Figuren auf.

Die christliche Kirche wollte lange nichts von diesem Baum-Brauch wissen. Sie verdammte ihn als heidnischen Aberglauben.

Aber die Begeisterung für den Tannenbaum hatte bald so weite Kreise erfaßt, daß er nicht mehr zu verdrängen war. Er bekam einen Engel oder den Stern von Bethlehem auf seine Spitze gesteckt. Damit war er endlich zu einem christlichen Sinnbild geworden.

Was hier über die Entstehung des Christbaums gesagt wurde, gilt nur für Deutschland. Die mei-

Der »Reifenbaum« aus Holz oder Eisen
(1. Hälfte 19. Jahrh.)

sten andern Länder übernahmen den geschmückten Lichterbaum erst später. In Frankreich, Italien und Spanien zum Beispiel setzt er sich erst jetzt allmählich durch.

Etwas muß noch hinzugefügt werden:

Einige Brauchtumsforscher führen den Weihnachtsbaum auf den germanischen Julbaum zurück oder auch auf den Paradiesbaum mit seinen

Äpfeln. Aber das ist nicht zu beweisen. Bräuche verschiedener Länder und Zeiten sind einander oft ähnlich, ohne daß ein Zusammenhang besteht. Auch im alten Rom z. B. hat man sich zum Beginn des neuen Jahres Kerzen und Geschenke gebracht, und man hängte grüne Zweige an die Häuser.

Die Weisen aus dem Morgenland und der Stern von Bethlehem

Über die Heiligen Drei Könige gibt es viele Legenden.

Der Bericht in der Bibel spricht allerdings nicht von Königen, sondern von Weisen, die dem Stern gefolgt sind und dem Kind in der Krippe Geschenke gebracht haben.

Sind sie wirklich vom Morgenland nach Bethlehem gereist?

Wir müssen das sicher nicht wörtlich nehmen. Vieles in der Bibel ist in Bildern ausgedrückt. Der Evangelist Matthäus, von dem diese Geschichte stammt, wollte damit wahrscheinlich die Bedeutung von Jesus Christus hervorheben. Er wollte sagen: Sogar weise Männer aus fernen Ländern haben den Stern gesehen. Sie haben erkannt, daß dieser Jesus ein besonderer Mensch ist.

Heute nimmt man an, daß es Sterndeuter aus Persien waren, die damals die hell leuchtende Himmelserscheinung beobachtet haben. Denn diese Himmelserscheinung hat es wirklich gegeben. Darüber wissen wir etwas von dem großen Astronomen Johannes Kepler. Er lebte vor 400 Jahren, und es gelang ihm als erstem, die Bahnen

Die Sternsinger von Ludwig Richter (1803–1884)

der Planeten genau zu berechnen. Er hat bewiesen, daß um die Zeit von Christi Geburt die beiden Planeten Jupiter und Saturn von uns aus gesehen so dicht beieinander standen, daß sie wie ein einziger riesiger Stern wirkten.

Dieses Himmelsereignis fand aber im Jahr 7 vor Christus statt. Durch diese und verschiedene andere Berechnungen müssen wir annehmen, daß das Jahr 1 als Geburtsjahr von Jesus Christus nicht ganz stimmt.

Wir brauchen uns darüber nicht zu wundern, wenn wir wissen, daß es damals noch keinen einheitlichen Kalender gegeben hat. Es gab eine römische Zeitrechnung, eine jüdische, eine babylonische, eine ägyptische, und alle waren verschieden. Einige Länder zählten das Jahr nach der Umlaufzeit des Mondes, andere nach der Sonne.

Ob es nun die drei Weisen aus dem Morgenland wirklich gegeben hat oder nicht, sie gehören jedenfalls zu den beliebtesten Gestalten der Weihnachtszeit.

Zu ihrem Gedenken ziehen Sternsinger am 6. Januar, dem Dreikönigstag, von Haus zu Haus. Sie sind als Könige verkleidet, tragen einen Stern und singen von der Geburt Christi und von den Heiligen Drei Königen. Man schenkt ihnen ein paar Groschen. Früher bekamen sie gedörrtes Obst, Früchtebrot und Nüsse.

Übrigens hat man den drei Königen später auch Namen gegeben: Caspar, Melchior und Balthasar. In katholischen Gegenden schreibt man am Dreikönigstag die Anfangsbuchstaben dieser Namen mit geweihter Kreide über die Türen und sagt dabei:

Caspar, Melchior, Balthasar,
behütet uns auch dieses Jahr
vor Feuer und vor Wassersg'fahr.

Wie andere Länder Weihnachten feiern

Die nördlichen Länder haben ausgeprägtere Weihnachtsbräuche als die südlichen. Das kommt daher, daß dort in der dunklen Mittwinterzeit von jeher Lichtfeste gefeiert wurden.

In Skandinavien heißt das Fest nach seinem alten germanischen Namen: Jul.

Die Julsitten der Nordländer sind untereinander ähnlich; es wird deshalb nur

von Schweden erzählt. Dort ist Weihnachten vor allem ein Familienfest. In den Tagen davor ist das ganze Land in Bewegung. Man reist weite Strecken, um in der Familie feiern zu können. Es geht dann auch sehr fröhlich zu. Alle beteiligen sich an den Vorbereitungen.

Vielerlei Fischgerichte, Pasteten und Sülzen werden gemacht, und die Kinder backen Safranbrote und Pfefferkuchen für Knusperhäuschen.

An den Fenstern hängen schon seit dem 1. Advent die selbstgebastelten Julsterne, und in allen Häusern stehen an Weihnachten die Julböcke. Das sind aus Stroh geflochtene Ziegenböcke, die Glück bringen sollen. Ursprünglich sah man im Bock ein heiliges Tier, später eine Teufelsgestalt.

Am Weihnachtsabend gibt es nur ein einfaches

Essen: Stockfisch, danach Reisbrei mit Zucker und Zimt. Aber am ersten Feiertag wird – wie überall in der Welt – üppig geschmaust. Das Nationalgericht zu Weihnachten ist ein knusprig gebackener Schinken.

Und nach dem Essen tanzt die ganze Familie auch heute noch singend um den Weihnachtsbaum herum.

Die Geschenke bringt der Weihnachtsmann, der Jultomte, in einem Sack. Er trägt einen dicken Pelzmantel und kommt angeblich weither aus Lappland auf einem Rentierschlitten.

Aber auch die alte Julklap-Sitte ist noch üblich: Julklap heißt Weihnachtsklopfen. Man klopft bei Freunden an die Tür, wirft ein schön verpacktes Geschenk ins Haus und verschwindet, ehe man entdeckt worden ist.

Weit bekannt ist das schwedische Luzia-Fest. Es findet schon am 13. Dezember statt, es ist ein Lichtfest. In jeder Familie muß sich ein junges Mädchen als Lichterkönigin Luzia verkleiden. Im langen weißen Gewand mit einer Lichterkrone auf dem Kopf bringt sie am Morgen den andern Familienmitgliedern das Frühstück.

In England fängt die Weihnachtszeit an, wenn Gruppen von Kindern durch die Straßen ziehen

Englischer Kamin mit aufgehängten Socken für die Geschenke

und die Christmas Carols singen. Das sind alte englische Weihnachtslieder. Dieser Brauch ist aus einer Zeit übriggeblieben, in der arme Kinder vor den Türen der Reichen sangen, um eine Gabe zu erbitten.

Der Christbaum ist auch in England Mode geworden; außerdem schmückt man aber noch die ganze Wohnung aus: früher mit Girlanden aus Immergrün, heute nimmt man bunte Papierschlangen. Auch unzählige Weihnachtskarten, die jeder jedem schickt, werden an einer Leine im Zimmer aufgehängt oder über dem Kamin befestigt.

Außer der bunten Papierdekoration gibt es aber auch grüne Weihnachtspflanzen: die Mistel und die Stechpalme. Stechpalmen werden in Vasen gesteckt, Misteln hängt man in einem Buschen über die Tür.

Übrigens gelten diese beiden Pflanzen seit alters her als zauberkräftig. Vor allem die Mistel war den Kelten in Alt-England und Frankreich heilig. Nur die Druiden-Priester durften sie mit einer goldenen Sichel abschneiden.

Das Weihnachtsessen in England ist vor allem: gefüllter Truthahn und Plumpudding. Der Plumpudding ist berühmt. Er wird aus getrockneten Früchten, Rosinen, Nierenfett und Gewürzen zubereitet, und er liegt einem ziemlich schwer im Magen. Das schönste am Plumpudding ist, daß er mit Alkohol übergossen, angezündet und brennend ins verdunkelte Zimmer gebracht wird.

Die Geschenke bekommen die Kinder in England am ersten Weihnachtstag in der Früh. Am

Abend zuvor hängen sie möglichst lange Strümpfe ans Bett oder besser noch an den Kamin; denn der englische Weihnachtsmann, der Santa Claus, fliegt mit seinem Rentierschlitten über die Dächer und kommt durch den Kamin ins Haus. Die Strümpfe füllt er mit Süßigkeiten, und die größeren Geschenke legt er auf den Weihnachtstisch.

Der erste Weihnachtstag verläuft in England mehr wie unsere Silvesterfeier. Man zieht Knallbonbons, setzt sich komische Papierhüte auf und macht im Familienkreis endlose Gesellschaftsspiele.

In den Niederlanden wird Weihnachten ohne großen Aufwand gefeiert. Es ist dort ein stilles religiöses Fest. Das eigentliche große Familienfest ist Sinterklaas (Sankt Nikolaus). Es wird am Vorabend des Nikolaustags gefeiert, also am 5. Dezember.

Sinterklaas ist für viele der schönste Feiertag des Jahres. In den Orten an der Küste kommt der Nikolaus sogar in einem prächtigen Aufzug mit dem Schiff angefahren. Hier zeigt er sich noch wirklich als Schutzpatron der Seefahrer.

Man beschenkt sich in Holland nicht zu Weihnachten, sondern am Sinterklaastag. Einige Zeit vorher haben die Läden bis 9 Uhr abends geöffnet, damit alle Leute noch Sinterklaas-Geschenke kaufen können. Die Sitte verlangt, daß man in jedes Gabenpäckchen ein selbstgemachtes Gedicht legt. Es braucht natürlich kein vollendetes Kunstwerk zu sein, wenn es nur passend und lustig ist.

In Frankreich finden wir ein Gemisch aus vielen Bräuchen. Da gibt es Tannenbäume, ebenso wie Misteln und Stechpalmen.

Früher legte man – wie auch in nordischen und slavischen Ländern – am Weihnachtsabend ein dickes Holzscheit in den Kamin. Das war der Weihnachtsklotz. Er mußte noch brennen, wenn die Familie aus der Christmette kam. Die Bauern streuten seine Asche auf die Felder; das sollte Fruchtbarkeit bringen. Solche Weihnachtsklötze gibt es schon lange nicht mehr. Nur in Frankreich hat man eine Erinnerung daran bewahrt: Man backt kleine Klötze aus Biskuitteig und schenkt sie sich gegenseitig als Glücksbringer.

Frankreich ist berühmt für seine gute Küche. Das Essen spielt auch an Weihnachten die Hauptrolle. Familien und Freunde treffen sich am 24. Dezember spät abends im Restaurant und feiern die halbe Nacht hindurch mit auserlesenen Speisen und Getränken. Selbst die kleinsten Kinder werden dazu mitgenommen.

Noch vor wenigen Jahren gab es in Frankreich die Geschenke am Neujahrstag. Heute kommt Père Noël, der französische Weihnachtsmann, in der Nacht vom 24. auf den 25. Dezember durch den Schornstein genau wie in England.

Die Kinder stellen vorm Schlafengehen ihre Schuhe zum Füllen vor den Kamin – und wer keinen Kamin hat, stellt sie an den Heizkörper.

In Italien spielt die Krippe eine größere Rolle als der Weihnachtsbaum. In Kirchen und Wohnungen werden ganze Landschaften naturgetreu aufgebaut und mit unzähligen Figuren belebt. Manchmal nimmt eine solche Krippe das halbe Zimmer ein.

Der Weihnachtstag wird mit großem Festessen und viel Wein gefeiert.

Man beschert in Italien jetzt auch häufig am 24. Dezember nach der Messe. Aber der ursprüngliche Geschenktag ist noch immer der 6. Januar. Man sagt, daß die Befana den Kindern die Geschenke bringt. Die Befana ist eine gutartige Hexe.

Etwas ganz Besonderes gibt es in der Vorweihnachtszeit in Rom. Da kommen Hirten in Ziegenfelljacken aus den Gebirgsgegenden der Abruzzen. Mitten im Großstadtlärm spielen sie auf Dudelsack und Hirtenflöte eine Musik aus uralter Zeit.

Aber sie tun das nicht nur, um den Römern Weihnachtsstimmung zu bereiten. Sie sind sehr arm und verdienen sich damit ein wenig Geld.

In Spanien und Portugal ist Weihnachten ein lärmendes, ausgelassenes Fest. Schon am Weihnachtsabend veranstaltet man ein Feuerwerk. Die ganze Nacht hindurch wird gegessen, getrunken und getanzt, und man macht mit Tamburin und Pauken einen ungeheuren Krach.

Den Christbaum kennt man erst seit wenigen Jahren. Wie in allen katholischen Ländern zog man ihm die Krippe vor und sah im Christbaum einen heidnischen Brauch.

Die Bescherung findet wie in Italien am Dreikönigstag statt, also am 6. Januar. Da bringen die Heiligen Drei Könige den Kindern die Geschenke und auch eine Rute.

Die Länder in Osteuropa. Soweit die Menschen dort Christen sind, gehören sie zur Orthodoxen Kirche. Sie ist der Katholischen Kirche verwandt, feiert Weihnachten jedoch am 6. Januar.

In den sozialistischen Ländern ist Weihnachten kein offizieller Festtag. Dort wird der Jahresanfang gefeiert. Am 1. Januar werden in einigen Städten Tannenbäume aufgestellt, an deren Spitze ein roter Sowjetstern steckt.

Die christlichen Bräuche sind von den Regierungen zwar nicht gern gesehen, jedoch nicht verboten. In den Familien kann man nach alter Sitte feiern.

In ganz Osteuropa ißt man gern Schweinefleisch, und deshalb gibt es an Weihnachten ebenfalls Schweinebraten oder Spanferkel. Es werden auch Weihnachtsbrote in Tierform gebacken. In den Teig wird eine Münze gesteckt, und wer sie findet, dem bringt sie Glück.

In Südamerika ist es ähnlich wie in den Südländern Europas: Weihnachten wird laut und lustig gefeiert. Da es dort auch um diese Jahreszeit heiß ist, spielt sich vieles auf der Straße ab. Man läßt Knallfrösche los, es gibt Feuerwerke und Kinderumzüge.

In Brasilien wird eine Weihnachtsspezialität gegessen, die für uns erstaunlich ist: Pfauenbraten.

Der Christbaum ist von Einwanderern aus Europa eingeführt worden. Aber Tannen oder Fichten wachsen in ganz Südamerika nicht. Man hilft sich mit einheimischen Bäumen oder kauft solche aus Kunststoff. In Deutschland gibt es Fabriken, die künstliche Christbäume in allen Farben exportieren.

Nur mit den Kerzen hat es bei der Hitze seine Schwierigkeit: Man muß sie entweder durch elektrische Lampen ersetzen oder die Wachskerzen bis kurz vor der Bescherung im Kühlschrank lassen.

Übrigens: daß Weihnachten in manchen Ländern so ausgelassen gefeiert wird wie die Silvesternacht bei uns, kann man erklären: In früheren Jahrhunderten war Weihnachten gleichzeitig der Jahresanfang. Dadurch grenzen sich Weihnachts- und Neujahrsbräuche bei manchen Völkern nicht voneinander ab.

In den USA beginnt Weihnachten in den Geschäftszentren der Städte schon am 1. November. Von da an sind die Hauptstraßen mit Girlanden aus bunter Alufolie und farbigen Glühlampen überspannt. In allen Warenhäusern tönen 8 Wochen lang ununterbrochen Weihnachts-Choräle, und die Schaufenster sind in wahre Kitschparadiese von Feenländern, Zwergenreichen und Spielzeugstädten verwandelt.

Der gutmütige amerikanische Santa Claus (1865)

Auf einem Platz in der Innenstadt von New York steht der riesigste Christbaum Amerikas – es wird sogar behauptet, er sei der größte der Welt. Er ist über und über mit bunten Glühbirnen behängt und wird jedes Jahr anders geschmückt.

Im November beginnt auch das große Truthahn-Sterben; denn Truthahnbraten ist das traditionelle Weihnachtsessen in Amerika.

In den Familien ist Weihnachten hauptsächlich ein Geschenktag. Die Kinder finden ihre Geschenke am Morgen des 25. Dezember. Auch hier kutschiert der Santa Claus mit einem Rentierschlitten durch die Luft und wirft die Gaben durch den Kamin in die Häuser.

Um aber den Santa Claus unserem technischen Zeitalter anzupassen, läßt man ihn in vielen Städten im Hubschrauber über die Dächer brausen.

Weihnachtsbäume hat man in fast allen Häusern; teils echt, teils aus Plastik. Sie werden so bunt wie möglich geschmückt. Richtige Kerzen sind allerdings im ganzen Land wegen Feuergefahr verboten.

In einem so riesigen Land wie Amerika bestehen viele Gegensätze nebeneinander, und so gibt es auch neben all den künstlichen und aufgeputzten Bäumen einen echten, uralten, der zum

»Weihnachtsbaum der Nation« ernannt worden ist. Es ist ein Mammutbaum in Kalifornien. Hundert Meter ist er hoch, er hat einen Stamm von zwölf Meter Umfang, und sein Alter beträgt etwa dreitausend Jahre. Zu Weihnachten werden dort Gottesdienste abgehalten.

Und wie ist es in der übrigen Welt, in Afrika, in Indien, in China?

Es gibt ganze Erdteile mit überwiegend nichtchristlichen Religionen; dort weiß man natürlich nichts von Weihnachten. Aber überall da, wo christliche Auswanderer oder Missionare hingekommen sind, wird auch Weihnachten gefeiert. Natürlich immer mit den Bräuchen, die in ihrer Heimat üblich waren.